现代教育技术

XIANDAI JIAOYU JISHU

主　编◎邱红艳　孙宝刚

副主编◎裴　亮　范春辉

　　　　谢　翌　秦晓江

参　编◎田　鸿　任淑艳

PS

PPT

FLASH

重庆大学出版社

图书在版编目(C I P)数据

现代教育技术／邱红艳,孙宝刚主编. -- 重庆：
重庆大学出版社,2020.1(2023.6 重印)
ISBN 978-7-5689-1948-7

Ⅰ.①现… Ⅱ.①邱…②孙… Ⅲ.①教育技术学—
高等学校—教材 Ⅳ.①G40-057

中国版本图书馆 CIP 数据核字(2019)第 279846 号

现代教育技术

主 编 邱红艳 孙宝刚
副主编 裴 亮 范春辉
谢 翌 秦晓江

责任编辑:章 可 版式设计:章 可
责任校对:万清菊 责任印制:赵 晟

*

重庆大学出版社出版发行
出版人:饶帮华
社址:重庆市沙坪坝区大学城西路 21 号
邮编:401331
电话:(023)88617190 88617185(中小学)
传真:(023)88617186 88617166
网址:http://www.cqup.com.cn
邮箱:fxk@cqup.com.cn(营销中心)
全国新华书店经销
重庆升光电力印务有限公司印刷

*

开本:787mm×1092mm 1/16 印张:10.5 字数:244千
2020 年 1 月第 1 版 2023 年 6 月第 7 次印刷
ISBN 978-7-5689-1948-7 定价:29.00 元

前 言

QIANYAN

教育技术是教师专业化发展的工具，是教师优化教学的手段和方法。教育技术能力是现代教师专业能力的重要组成部分。我国教育部于 2004 年颁布了《中小学教师教育技术能力标准（试行）》，并于 2005 年启动"中小学教师教育技术能力建设计划项目"。由此可见，国家对教师教育技术能力培养的重视。在高校师范生的培养中，教育技术能力训练必不可少，这些未来教师的教育技术能力将直接关系到教育信息化和课程改革的推进。

本书从理论、实践一体化的理念出发，在介绍教育技术相关理论的同时，让学生透彻理解基本技法，知道怎么做，并最终获得基本教学技能，形成实际教学工作中所需的基本能力。全书共有 8 章：第 1 章教育技术概述、第 2 章教学设计、第 3 章多媒体技术及应用、第 4 章平面媒材的获取与加工、第 5 章动画媒材的设计与制作、第 6 章音视频媒材的获取与加工、第 7 章课堂演示文稿的制作与优化设计、第 8 章网络化学习资源的设计与制作。其中第 4 章至第 8 章在介绍基础概念和相关技术知识的同时，列举了大量操作实例，实践性强，更能激发学生的学习兴趣。

本书由重庆人文科技学院教师邱红艳、孙宝刚担任主编，裴亮、范春辉、谢翌、秦晓江任副主编，编写工作由重庆人文科技学院从事教育技术教学和研究工作的一线教师共同完成，其中孙宝刚编写第 1 章，裴亮编写第 2 章，田鸿编写第 3 章，范春辉编写第 4 章，邱红艳编写第 5 章，谢翌编写第 6 章，任淑艳编写第 7 章，秦晓江编写第 8 章。同时，重庆人文科技学院计算机教研室的各位老师结合多年在教学一线的实践经验，为本书的编写提供了宝贵建议和支持，在此一并致谢。

限于编者的学识与经验，书中不足之处在所难免，敬请同行专家、广大读者批评指正。

编 者
2019 年 9 月

目 录

MULU

第1章　教育技术概述

1.1　教育技术与教育技术学

1.1.1　教育技术

1.技术的含义

技术是一个历史范畴,随着社会的发展其内涵也在不断地演变。在工业化社会,人们认为技术就是根据生产实践经验和自然科学原理发展而成的各种物质设备和生产工具。这种认识把"技术"限定在有形的物质方面,现在看来是一种肤浅的、不完整的认识。在信息化社会,人们认为技术是人类在生产活动、社会实践和科学实验中,为了达到预期的目标而根据客观规律对自然、社会进行认识、调控和改造的物质工具、方法技能和知识经验的综合体。这一定义包括两方面的内容:一方面认为技术包括有形的物质设备、工具手段(物化技术);另一方面认为技术包括无形的、非物质的观念形态方面的方法与技能(智能技术)。对"技术"一词的这种定义就比较全面、深刻。教育技术史权威塞特勒说:"技术的重点在于工作技能的提高和工作的组织,而不是工具和机器。"

2.教育技术的含义

由于教育技术是技术的子范畴,因此教育技术就是人们在教育实践活动中所应用的一切物质工具、方法技能和实践经验的综合。它包括有形(物化形态)的技术和无形(观念形态)的技术两方面。有形的技术包括在教与学的活动中所采用的各种教学媒体,如各种设备、器材、软硬件工具等;无形的技术包括各种教学方法、策略、技巧等。有形的技术是教育技术的依托,无形的技术是教育技术的灵魂。

由此可以看出,教育技术是教育中的技术,它既不是对全部教育问题进行研究,更不是对所有技术进行研究,它遵循教育规律,研究如何采用技术的手段和方法解决教育教学中的有关问题。

1.1.2　教育技术学

自从有了人类历史,就有了教育,有了教育就有了教育技术。当教育技术发展到一定阶段后就形成了一门专门研究教育技术现象与规律的科学——教育技术学。它是在教育学、认知心理学、教育传播学、系统科学、媒体技术等理论的指导下,研究如何在教育中应用各种教育技术以提高教育质量的理论与实践的一门学科;是一门综合的强调理论指导实践的新兴学科;是属于教育学领域中专门用来研究如何利用技术提高教学质量的二级应用型学科。

把教育技术作为一门学科进行研究,其历史并不太长,教育技术的概念也是仁者见仁,智者见智。1994年由美国教育技术协会(AECT)从学科研究领域、范围方面提出的教育技术定义受到广泛认可,即教育技术是关于学习过程与学习资源的设计、开发、利用、管理和评价的理论与实践。从这一定义可以看到,教育技术学的研究领域应当包括学习过程与学习资源的设计、开发、利用、管理与评价五个方面的理论与实践。

教育技术的研究对象是学习过程和学习资源。学习过程是指为了达到预定学习效果而采取的一系列操作步骤和方法。学习资源是指在学习过程中可以被学习者利用的一切要素。学习资源有人力资源和非人力资源之分。人力资源包括教师、同伴、小组、群体等;非人力资源包括各种教学设施、教学材料和教学媒体等。

学习过程和资源的设计,是指为达到一个确定的教学目标,在教学理论、学习理论、媒体传播等相关理论的指导下,对教学系统进行的完整而详细的设计过程,这里包括对目标、学习者、内容的分析,教学策略、媒体的选择,效果的评价等多个环节。这一领域已发展成一个较为独立的教学设计研究方向,成为教育技术的重要组成部分。

学习过程和资源的开发,是指将各种教学模式、媒体技术应用于教学过程的研究,是对教学设计成果的"物化"过程,同时又是为理论的发展提供实践数据的过程。因此这种开发不仅仅是依靠某种媒体技术制作教学产品,更广泛的是对整个教学系统的实践与改进。开发的范围可以是一节课、一个教学项目,也可以是一个庞大系统工程的规划与实施。

学习过程和资源的利用,是指对不断出现的新技术、各相关学科的最新成果以及各类信息资源的利用和传播。

学习过程和资源的管理,是指对所有学习资源和学习过程进行计划、组织、指挥、协调和控制。这里包括对教学系统的管理、信息与资源的管理、教学研究与开发的管理等。只有科学的管理,才能保证教学效果的优化。

学习过程和资源的评价,是指对教学系统运行状态及效果的评价研究。这里既涉及单一环节或因素的评价,也有对系统整体的评价,既有总结性评价,也有形成性评价。多角度、多方位的科学评价体系,才能保证教学系统研究更加科学、合理。

以上是按照教育技术定义的表述方式,分别对各部分的内涵进行解释。但在实际的工作中,这些方面并不是相互孤立、各自为营的,更多的是多个部分的有机结合,如设计与开发、利用与管理、设计与评价等。可以说教育技术是在相关理论与技术的综合运用中,对各类不同模式和大小的教学系统进行的研究和实践,其目的就是要实现教学(学习)效果的优化。所以教育技术虽然从学科属性上归于教育学科,但它具有鲜明的综合性、交叉性特征。也正因为如此,对教育技术的学习者提出了更高的综合素质要求。

1.2 教育技术发展历史简介

关于教育技术的起源,有几种不同的观点。学术界普遍认同的是较为狭窄的、更具有明确定位和时间划分意义的观点,即教育技术的产生应以 20 世纪 20 年代出现的"视觉教育运动"为起点。因此研究教育技术的发展史,更多的是着眼于这不到百年的历程。

教育技术的历史虽然不长,但它的成长经历却很复杂,主要体现在两个方面:一方面,教育技术不是在某个单一领域或方向上的逐渐深入,而是多条线索、多个领域并行交叉结合的过程;另一方面,教育技术的发展过程不是以自身原始细胞为基础,产生细胞裂变或功能扩张式的发展,而是兼收并蓄、有机整合的过程,它对外界相关因素的综合吸纳要远远多于自身机体的演变与派生。所以研究教育技术的发展历史,既可以了解教育技术在不同时期的形态,同时也可以帮助我们更好地理解这一学科的综合性特征。

1.2.1 国外教育技术的产生与发展

与其他很多应用型学科一样,教育技术也是在技术的应用与理论的发展相互作用下前进的。为了更清楚地了解教育技术发展的脉络,我们从媒体和理论两个方面对其历程作一个回顾。

1.媒体与技术

可以说教育技术产生的最原始动机,是人们对直观教学的追求。在 17 世纪,捷克教育家夸美纽斯对班级授课进行了理论上的论证和教学法上的阐明,倡导这种适合当时教育需要的教学形式。同时,根据班级授课制的特点和当时教学内容的变化(如大量增加了自然科学的知识),他又较为系统、全面地提出了直观教学的思想,认为"知识的开端永远必须来自感官""在可能的范围之内,一切事物都应该尽量地放到感官跟前……假如事物本身不能得到,便可以利用它们的模型图像"。这一思想经过很多教育家,包括裴斯泰洛齐、福禄培尔、第斯多惠等人的不断探索和完善,成为一个在西方很有影响力的教育理论体系。在 17—19世纪,直观教学在教育界得到广泛的应用。

19 世纪末 20 世纪初,科学技术飞速发展,各种电子类新媒体大量涌现。在直观教学思想的促进下,这些新的科技成果被迅速应用到教学活动中,并获得了巨大的成功。

20 世纪初,幻灯、无声电影等新兴视觉媒体大量应用于课堂。1922 年美国成立了国民教育电影协会,1925 年意大利成立了教育电影馆,1928 年美国柯达公司成立教学电影部,专门组织制作教学电影。美国在 1918—1928 年兴起了一场大规模的教学改革运动——视觉教育运动,全国成立了 5 个视觉教育专业组织,20 多个教师培训机构开设了视觉教育课程,出现了 5 种视觉教育学术杂志。今天,学术界正是以这场视觉教育运动为标志,作为教育技术发展的起点。

其他媒体的应用也随之迅速推进。1928 年美国俄亥俄州航空学校建立以成年人为对象的教育广播电台,1937 年威斯康星州的"空中学校"利用无线电台播送 7 个科目的课程,供5—12 年级的学生收听。

20 世纪 30 年代有声电影开始应用于学校教育,视觉教育扩展到视听教育。

20 世纪 50 年代电视媒体兴起。1950 年美国爱德华专科学校创办了第一个校园电视台。1957 年美国实施"资助小学电视教学方案"。50 年代末 60 年代初,教育电视台如雨后春笋般在世界各地涌现,仅美国就有 300 多个,日本也有 100 多个。同时,闭路教育电视系统也在美国的许多大学和地区开始建立。60 年代电视在教育中的应用规模迅速扩大。日本学校的电视使用率在 1968 年为 17%,1970 年达到 71%。美国在 1970 年有 75% 的公立学校以各种形式利用电视教学节目开展教学。

20 世纪 70 年代中期卫星电视系统开始出现。1974 年美国通过"6 号实用技术卫星"转播电视教学节目,揭开了卫星教育电视的序幕。由此产生了教育技术中的又一个新的发展领域——远距离教育,并很快成为教育技术中规模最大的一种教学形式,它对教育的规模化发展,尤其是偏远地区教育的推动起到了重要的作用。

进入 20 世纪 90 年代,计算机及网络技术的发展突飞猛进,教育技术迎来了一个新的媒体革命时代。这一时期,除了上面提到的基于集体化教学所应用的媒体技术外,用于另一种教学模式——"个别化学习"的教学媒体也在发展之中,这种教学媒体在早期称作程序教学机或自动教学机。它是一种预先装入编制好的程序教材的机械装置,在学习者的控制下,它能自动呈现教学信息,并对学习者的操作判断行为进行反馈,从而起到"刺激—反应—强化"作用。它与普通视听觉媒体的重要区别是,由学习者控制并具有鲜明的交互功能。学习者可以根据自己的判断对机械施加反应,通过机械的反馈信息,不断地修正自己的判断和反应行为,并得到强化,以实现学习目标。因此教学机械是适用于个别化学习的工具。

一般认为,美国心理学家普莱西是世界上第一台教学机器的发明者。1924 年他根据桑代克学习定律中的准备律、练习律、效果律设计了一台可以进行测验、记分和教学的简单仪器,并在之后的几年中,不断地改进和完善这种教学机器。但由于当时社会上对其需求不强烈,加之机器性能有限,没能得到推广。

20 世纪 50 年代中期,美国心理学家斯金纳根据操作条件反射原理,在普莱西教学机器的基础上,进一步提出了教学材料的程序化思想,并设计了新一代教学机器,即程序教学机。在斯金纳的推动下,50 年代末 60 年代初成为教学机器发展的黄金时期,数十种教学机器问世并进入实用阶段。1958 年美国哈佛大学和拉德克利夫大学用 10 部程序教学机进行人类行为课程的教学。1961 年美国空军应用教学机器进行了为期 16 个月的军事技术训练,既缩短了训练时间,又降低了成本。这一时期教学机器所用的程序教材,也曾在很多国家的各级各类教学和训练中逐步推行。

但随着人们期望值的提高,教学机器所要承担的教学内容越来越复杂、功能越来越多,开发技术的局限再一次显现出来。到 20 世纪 70 年代,教学机器的研发速度日趋减缓,同时随着计算机技术的成熟,人们开始放弃传统的电子机械方法,转向用计算机实现程序教学的思想,并很快获得成功。这一时期,美国、英国、法国、日本等国家都纷纷制订政府计划,投资开发和推广计算机教育工程。美国伊利诺伊大学研制的 PLATO 计算机教学系统到 1979 年已可满足 1 000 万人的教学需求,它储存有 100 余门课程的 6 000 多套教学程序。80 年代末,美国中小学拥有计算机超过 200 万台。加拿大中小学计算机普及率达 60% 以上。日本高中以上学校计算机普及率在 80% 以上,中小学也达 60% 以上。1997 年新加坡教育部投资,给全国每所学校都增添计算机,即使是小学,也拥有 100 台以上的计算机,并把所有学校的计算机联成一个区域网络。

20 世纪 90 年代,人类迈入了计算机与信息时代,作为信息时代的标志性技术——计算机与互联网,成为教育技术媒体领域最为重要的成员。由于计算机与网络具有多媒体性、交互性、远程传输、开放性等特征,教学信息在综合化、个性化、远程化、共享化等各个方面都产生了质的飞跃。21 世纪教育技术也迈入了以计算机与网络技术为核心的媒体技术时代,在全新的理念中对学习过程和资源予以新的研究和实践。

2.理论与概念

教育技术的理论发展与媒体技术及其他相关学科的理论发展具有紧密的关联性,通常是对探索性实践的总结、综合与升华,之后是对实践的再指导。

事实上,在 20 世纪 20 年代美国的视觉教育运动时期,并没有正式使用“教育技术”一词。当时采用的名称是“视觉教育”,主要是指利用各种视觉媒体,如幻灯、无声电影等,向学生提供生动的视觉形象以辅助教学。1922 年美国出现了全国视觉教育学会(NAVI)等民间学术团体。1923 年美国教育协会成立了下属的视觉教育分会,成为第一个官方的视觉教育学术机构。这些机构的建立为教育研究开辟了一个新的领域,教学人员在这一领域中开展了大量的实验和研究,在视觉教育的有效性和适应性方面取得了一系列的成果。

这一时期的理论代表是霍本的观点。他在《课程的视觉化》一书中,系统地论述了视觉教育的理论基础,提出了将各种媒体按具体或抽象程度进行分类的观点,并设计出了分类的层级模型。

20 世纪 30 年代中期,广播、有声电影的出现,使得视觉教育一词无法概括新的实践活动,于是人们开始采用“视听教育”一词。1947 年美国教育协会视觉教育分会正式改名为视听教育分会。随着企业、军队和社会服务机构中的视听教育活动的开展,该分会的成员组成扩展到了学校以外的社会力量之中,其作用也从教学活动的研究,延伸到视听教材的制订、专业人员的培训等领域。1953 年该分会出版了专业刊物《视听传播评论》。

在视听教育理论研究中,最具代表性的人物是美国教育家、俄亥俄州立大学教授戴尔。他的代表作《教学中的视听方法》作为视听教育的标准教科书广泛流行。书中所论述的著名的“经验之塔”理论,成了当时乃至后来视听教育中的主要理论依据。

总体而言,无论是视觉教育还是视听教育,它们的基本理念是相同的,即关注视听设施的利用,凭借视觉和听觉的刺激,实现学习经验的具体形象化。它们都是较多地关注教材而较少关注开发教材的过程,把视听教材看成教师教学的辅助工具。

进入 20 世纪 50 年代,视听教育因传播理论和早期系统观念的引入,发生了一次重大的变化。随着电视媒体的普及,程序教学与教学机器的风靡一时以及计算机辅助教学的研究,视听教育又迎来了一个新的媒体变革时期。教材操作的自动化、形态的多样化、教学过程的程序化等新的研究目标与尝试,引发了人们对“视听教育”的重新界定。此时,传播学在各行业开始产生影响,有些学者包括霍本和戴尔也开始转变角度,将教学过程作为信息传播过程加以研究,把目光从单一物质技术的应用扩展到对教学过程的关注,探讨教与学的活动中涉及的所有传播元素和环节,研究从发送到渠道、接收以及干扰的整个传播过程。

系统理论是 20 世纪 50 年代出现的方法论学科,其目的是从新的角度揭示客观世界的本质联系和运动规律,为科技的发展提供一种新的思路和方法。霍本和芬恩这两位当时美国视听教育界的泰斗,于50年代末向业内介绍了系统理论,并提出了教学系统的概念,指出视听领域的研究重心应是整体教学系统的规划和设计,而非只限于教具和教材本身。传播理论和系统理论拓宽了视听领域的视野,学者们开始把关注的焦点从视听教具逐渐过渡到整体教学传播过程和教学系统的宏观层面上。

鉴于这样一种变化,在1971年美国视听教育协会正式更名为美国教育传播与技术协会(AECT),并于1972年将其实践的领域定名为教育技术。至此,教育技术一词才作为一个学术领域的正式名称确立起来。在随后的20多年里,教育技术在相关学科的发展影响下,不断地进化和丰富。计算机与网络的发展促使媒体传播技术的发展进入一个信息技术时代。在早期程序教学理论的深刻影响下,教学设计研究开始出现,并与系统理论相结合,使教学系统开发成为现代教育技术的重要内容。20世纪80年代以后,教学设计理论日趋成熟,与媒体技术的结合也更加紧密。同时,学习心理学的新发展为教育技术的理论注入了新的活力。在新的心理学理论指导下,对教学设计的研究已成为当今教育技术的热点。

教育技术在研究领域和范畴上的变化,也促进了人们对"教育技术"一词的再认识。1994年美国教育传播与技术协会对此作的定义阐述,成为迄今为止最为全面、明确地阐明教育技术内涵的定义,也是受认可程度最高的。以此定义为依据,我们可以看到,今天的教育技术已发展成为一个与学习的整个系统相关联的研究领域,它涉及与学习活动相关的每一个环节,是以系统方法为核心的、以改进和优化人们的学习为最终目的的综合性学科。

1.2.2 我国教育技术的发展

我国教育技术的发展历程与世界教育技术发展的各个阶段基本相似,只是由于我国的经济、历史、科技等原因,与美国等发达国家相比有所滞后。教育技术在我国的发展历史可以分为两大阶段。

1.电化教育的发展

20世纪20年代,受美国视觉教育运动的影响,在我国的一些大城市,如上海、南京等地的学校中,教育界人士开始尝试用无声电影、幻灯等媒体进行教学,标志着我国电化教育的萌芽。30—40年代,这一活动发展很快,应用规模不断扩大,同时也出现了电化教育的专业培训机构,随着理论研究逐步深入,出现了一些文章和专著。这一时期南京金陵大学在推进电化教育方面最为著名。40年代,当时的南京国民政府教育部电化教育委员会成立,"电化教育"一词作为这一领域的正式名称开始确认。

中华人民共和国成立以后,我国政府对电化教育予以了充分的重视,在中央文化部(现文化和旅游部)和教育部的推动下,全国开展了多种形式的学术活动,出版了多种专业期刊、论著。60年代开始,各类学校应用录音、电影、幻灯投影等媒体进行教学活动十分活跃,同时无线广播在社会教育方面获得大规模应用。各地建立起了官方性质的电教机构。

进入80年代我国电化教育迅速发展,各级各类电教机构日趋健全,管理与推广步入规模化和组织化。媒体技术迅速提高,在原有的幻灯、录音、语音室等设备基础上,电视媒体、计算机等开始普及。电教教材的开发速度加快,并且数量剧增,使用率也大幅提高。1978 年中央广播电视大学成立,利用卫星电视进行教学,到 1994 年已开设了 359 个专业、1 000 多门课程,培养了 157 万名毕业生和 2 000 多万名非学历教育结业生。在 80 年代中期,一些师范大学开设了电化教育本科专业。随着对理论研究的进一步深入,出现了大量专业期刊和论著。

2. 教育技术的全面发展

20 世纪 80 年代后期,随着与国外教育技术界交流的增加,新的理论、经验、成果的不断吸纳,人们发现我国电化教育的发展基本上是在视听教育的研究范畴中。为适应新时代的教育需求,促进我国教育改革的深入,有必要借鉴国外教育技术的成果和经验,对电化教育重新定位。在这一思想的指导下,我国的电化教育开始向教育技术转变,出现了教育技术全面发展的新态势。

在媒体技术方面,计算机辅助教育得到充分重视,学校计算机的普及率迅速上升,很多高校在 80 年代就成立了计算机中心或实验室。1987 年原国家教委基础教育司成立了"全国中小学计算机教育研究中心",推动中小学计算机教育的开展。到 1997 年全国已有 2 万多所中小学校配备了近 50 万台计算机,同时校园网、校校通工程也迅速推广。2000 年教育部提出,从 2002 年开始全国中小学逐步完成信息技术课程的开设,进一步推动了以计算机技术为核心的现代综合媒体技术在教育中的应用。

在研究和实践的领域上,教育技术突破了视听媒体原有的应用范围,扩展到"教学设计""多媒体教学""信息技术与课程整合""网络教学"等多个领域,而且在认知领域 CAI(计算机辅助教学)研究上也取得了丰硕成果。在教学软件的开发上出现了科技企业与教育机构联合运作的良好局面。可以说,最近十年是我国教育技术在理论成果和教学产品上有史以来最为丰富的时期。

在学科发展上,从 90 年代开始,各高校纷纷将原电化教育专业改名为教育技术学专业,同时人才培养层次不断提高。

近几年,教育技术学专业实现了跨越式发展,最早的教育技术学专业大都设置在师范院校内,至 2008 年,200 多所不同性质的学校有教育技术学本科专业,47 所学校有硕士学位点,6 所学校有博士学位点,同时对师范生公共课的开设及教师的在职培训也在不断加强。专业人才队伍的完整化、多层次化以及教育技术的普及,促进了教育技术在理论与实践研究上持续快速地发展。

1.3　学习理论

学习理论是教育心理学中最重要的理论。学习是一种十分复杂的心理活动,它涉及心理学中许多根本性的问题,如感觉、想象、记忆、思维、情感和意志等,从心理学的角度来说,学习是由经验所引起的行为或思维的比较持久的变化。学习理论是研究人类怎样学习的理论,旨在阐明学习如何发生、有哪些规律、是什么样的过程、如何才能进行有效的学习,并揭示学习过程依据心理、生理机制和规律而形成的理论,它对现代教育技术的实施具有重要的指导意义。

由于学习过程的复杂性,人们从不同的角度进行研究,产生了各种学习理论的流派,这些不同的理论各有特点、相互补充。因此,我们在应用时要根据不同的情况,选择不同的理论指导我们的学习过程。

1.3.1 行为主义学习理论

在 20 世纪的前半个世纪,占主导地位的学习理论是行为主义。行为主义的代表人物是美国的斯金纳,他认为行为是人类生活的一个基本方面,并一直以行为作为自己的研究对象。他继承和发展了桑代克的联结主义学习理论,提出了“刺激—反应—强化”的学习模式,创立了操作性条件作用学说和强化理论,并把它们应用于人类学习的研究。

行为主义的学习理论强调学习是刺激与反应的联结,主张通过强化和模仿来形成和改变行为。在行为主义者看来,环境和条件,就如刺激和强化,是学习的两个重要因素,学习等同于行为的结果。

斯金纳提出的学习模式对人的学习活动的启示作用是:学习者要想获得有效的学习效果,就必须及时给予适当的“强化”,为了实现这种强化,最好的办法是让学生知道自己的学习效果,正确的学习行为得到肯定,错误的学习行为得到纠正。根据这一模式,斯金纳进而提出了程序教学理论,总结了一系列的教学原则,如小步子教学原则、强化学习原则、及时反馈原则等。

斯金纳认为强化是塑造行为和保持行为强度所不可缺少的关键,也是用来控制学习的根本手段。操作性条件作用的基本过程如下:

反应 + 强化 → 增强反应

反应 + 无强化 → 减弱反应

反应 + 惩罚 → 压抑反应

斯金纳认为,成功的教学与训练之关键是分析强化效果。基于这一观点,他又提出了程序教学法,并据此研制了教学机器。程序教学法又称“小步子教学法”,这种教学法的基本思想是:

(1)把教学内容分成具有逻辑联系的小步子。

(2)要求学生做出积极反应。

(3)对学生的反应要做出及时的反馈和强化。

(4)学生在学习中可根据自己的情况,自定步调和学习进度。

(5)要求学生尽可能地做出正确的反应,使错误率降低到最小。

斯金纳的这种程序教学原理已广泛运用于当今的计算机辅助教学。根据行为主义学习理论,现代教育技术在教育教学过程中的作用在于:通过多种教学媒体为学生提供引起必要反应和形成强化刺激的材料及条件,以引起学生的多种反应,使学生建立起刺激与反应间的牢固联结,并培养学生的多向思维和发散思维。

然而,行为主义学习理论在研究中只强调行为不考虑人们的意识问题,把人的所有思维都看作是由"刺激—反应"间的联结形成的。由此引起了认知主义理论学派的不满,从而导致认知主义学习理论的发展。

1.3.2　认知主义学习理论

认知主义学习理论强调学习是认知结构的建立和组织的过程,重视整体性与发现式学习。认知主义学习理论学派认为学习个体本身作用于环境,人的大脑的活动过程可以转化为具体的信息加工过程,并认为学习过程是学习者原有认知结构中的有关知识和新学习的内容相互作用(同化),从而形成新的认知结构的过程。

现代认知学习理论的代表人物是布鲁纳和奥苏贝尔。对如何获得新知识的过程,布鲁纳强调在教学过程中,教师要尽量设计各种方法,创设有利于学生发现、探究的学习情境,使学习成为一个积极主动的"索取"过程,从而充分调动学生自我探究、猜测、发现的积极性;而奥苏贝尔则强调意义接受,在课堂教学中,影响意义接受学习的主要因素是学生的认知结构。

上述两派不同的观点对学习的认识都有其合理的一面,但都带有片面性,行为主义强调知识技能的学习靠条件反射,靠外在强化,但忽视了人的内在因素、智能的培养和发展。认知派强调学习靠智慧和领悟,靠人的内在因素,而忽视了外在条件和掌握知识与发展智慧是辩证统一的过程。

20世纪70年代末至80年代初,认知主义学习理论开始占据统治地位,在计算机辅助教育中其理论基础也由行为主义学习理论转向认知学习理论。在CAI课件设计中,人们开始注意学习者的内部心理过程,开始研究并强调学习者的心理特征与认知规律;不再把学习看作是对外部刺激被动地做出的适应性反应,而是把学习看作是学习者根据自己的态度、需要、兴趣、爱好,利用自己的原有认知结构,对当前外部刺激所提供的信息主动做出的有选择的信息加工过程。

1.3.3　客观主义学习理论

客观主义认为世界是实在的、有结构的,而这种结构是可以被认识的,因此存在着关于客观世界的可靠知识。人们思维的目的是反映客观实体及其结构,由此过程产生的意义取决于现实世界的结构。由于客观的结构是相对不变的,因此知识是相对稳定的,并且存在着判别知识真伪的客观标准。教学的作用便是将这种知识正确无误地传递给学生,学生最终应从所传递的知识中获得相同的理解。教师是知识的掌握者,因而教师应该处于中心地位。

客观主义基于现实主义和实证主义,相信真实世界的客观存在,认为这个真实世界存在于人的主体之外,不受人类经验支配。由此理念出发,客观主义认为人通过学习能够认识、至少是能够理解这个真实世界,知识就是对客观存在的世界的反映,它可以通过先知者传授给未知者,因而所有的人在知识上具有同一性、同步性和统一性。

传统的教学是基于客观主义知识观的理念,相信知识是以一定的结构而客观存在的,教育的作用是帮助学生把握真实世界。他们强调教学过程是一种特殊的认识活动,是在教师的指导下学生掌握间接知识的过程。教师是知识的掌握者,他根据一定的目标把知识传递给学生,知识就像河流一样从高处流向低处,学生就像容器一样接受、储存知识,因而客观主义的学习理论强调"知识灌输"。

客观主义学习理论的显著特点是:它把教学看成是具有同一起点、经历同一历程、达到同一目标的过程。教学是规定了同一的教学目标,实施既定的教学过程,寻求达成同一目标的行为结果。这种教学有利于结构良好的知识领域的学习,能够高质、有效地帮助学习者掌握基本概念、基本原理和基本技能,比较适应工业领域追求办事效率的价值观念。

基于客观主义学习理论的教学模式:

(1)清楚地陈述具体的学习目标。

(2)由低层次知识技能到高层次知识技能,按顺序进行教学。

(3)强调个人独立学习(在班级教学或个别化学习环境中)。

(4)采用传统的教学和评价方法(如班级课堂讲授、讨论、书面作业、测验等)。

从目前到可预见的将来,社会和家庭都要求学生掌握必备的基础知识、基本技能,并且学生的学习时间是有限的,相应地,社会、家庭、学习者都追求较高的学习效率。因而客观主义的指导性教学仍是一种基本的教学模式。

1.3.4 建构主义学习理论

近几年来,建构主义在教育技术领域成为一种理论倾向,他的哲学根源可追溯到古代的苏格拉底、柏拉图和康德,近代的建构主义代表人物则有杜威、皮亚杰等。

乔纳森对建构主义理论作如下解释:建构主义认为实在无非是人们的心中之物,是学习者自己构造了实在或至少是按照他的经验解释实在。每一个人的世界都是由他自己的思维构造的,不存在谁比谁的世界更真实的问题,人们的思维是工具性的,其基本作用是解释事物和事件,这些解释构成了因人而异的知识库。在作这些解释的时候,思维对来自外界的输入作过滤。

德国的一则关于鱼和青蛙的童话可以帮助我们更好地理解这个问题。故事说的是在一个小池塘里住着鱼和青蛙,它们俩是好朋友。他们听说外面的世界好精彩,都想出去看看。鱼由于自己不能离开水生活,只好让青蛙自己走了。这天,青蛙回来了,鱼迫不及待地向他询问外面的情况。青蛙告诉鱼,外面有很多新奇有趣的东西。"比如说牛吧,"青蛙说,"真是一种奇怪的动物,它的身体很大,头上长着两个弯弯的犄角,吃青草为生,身上有着黑白相间的斑块,长着四只粗壮的腿,还有一个红色的大乳房。"鱼惊叫道:"哇,好怪哟!"同时脑海里即刻勾画出它心目中的"牛"的形象:一个大大的鱼身子,头上长着两个犄角,嘴里吃着青草……如图 1.1 所示。

图 1.1 "鱼牛"的童话

鱼脑中的牛形象(我们姑且称之为"鱼牛")显然是错误的,但对于鱼来说却有其道理,因为它从本体出发,将从青蛙那里新得到的关于牛的部分信息与自己头脑中已有的知识相结合,构建出了"鱼牛"形象。这体现了建构主义的一个重要理念:理解依赖于个人经验,即由于人们对世界的经验各不相同,它们对世界的看法也必然会各不相同。知识是个体与外部环境交互作用的结果,人们对事物的理解与个体的先前经验有关,因而对知识正误的判断只能是相对的;知识不是通过教师传授得到,而是学习者在与情景的交互作用中自行建构的,因而学生应该处于中心地位,教师是学习的帮促者。因而建构主义的学习理论强调"知识建构"。

建构主义学习理论的主要观点:

(1)学习不应被看成是对教师所授予知识的被动接受,而是学习者以自身已有知识和经验为基础的主动建构活动,即学生能主动积极地构造意义。因此,从这个意义上说,学生学习活动必然有创造性质,他能把从外界接收到的知识信息同化到自己原有的认知结构中,形成自己特有的认知图式。

(2)学习是学习者认知结构的组织和重新组织的过程。学习活动是一个"顺应"的过程。即学习者不断地对已有的认知结构做出必要的调整和更新,使他适应新的学习对象,并实现"整合"。

(3)学生的学习活动主要是在学校环境中,在教师的直接指导下进行的。因此,学习作为一种特殊的建构活动有社会性质。学习不是一个"封闭"的过程,而是一个需要不断与外界交流的发展与改进的过程,即包含有一个交流、反思、改进、协调的过程。

1.3.5　各种学习理论对教育技术领域的影响

图 1.2 所示的是乔纳森于 1992 年提出的一个二维图,该图说明了行为主义、认知主义、客观主义和建构主义之间的关系以及它们对教育技术领域的影响。

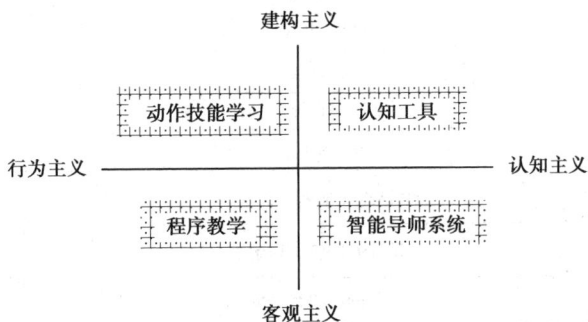

图 1.2　乔纳森提出的二维图

图 1.2 中对各种学习理论在教育技术领域的综合应用各举了一个例子。如程序教学典型地带有行为主义和客观主义倾向;智能导师系统的实质也是客观主义的,虽然智能导师对学习过程作认知主义假定,但它们仍企图将专家的知识映射到学习者脑中;各种能够增强思维和有助于知识构造的工具都可称为建构主义的工具;动作技能学习则不仅需要通过反复操练进行强化,还需要个体置身于真实环境中进行技能方面的建构。

应该指出的是行为主义和认知主义、客观主义和建构主义学习理论之间虽然存在着激烈的冲突,但它们之间不是谁取代谁的问题,而是如何相辅相成的问题。这就要求教育技术工作者对各种理论有较好的了解,并能根据不同的教学条件和教学目标,合理地进行选择和综合应用。

1.4 视听教育理论

1946 年,美国教育技术专家戴尔在他的《视听教学法》一书中,阐述了录音、广播等视听教学手段怎样在教学中使用,以及会产生怎样的教学效果等一系列问题,总结出一系列视听教学方法,提出了相关的教学理论,这就是视听教学理论。由于戴尔把人类获取知识的各种途径和方法概括为一个"经验之塔"来系统描述,因此人们又将这一理论称为"经验之塔"理论。

1.4.1 "经验之塔"理论的基本思想

戴尔将人类学习的经验分为做的经验、观察的经验和抽象的经验三大类,并按抽象程度分为十个层次:有目的的直接经验,设计的经验,参与活动,观摩示范,见习、旅行,参观展览,电影、电视,广播、录音、照片、幻灯,视觉符号和语言符号,如图 1.3 所示。

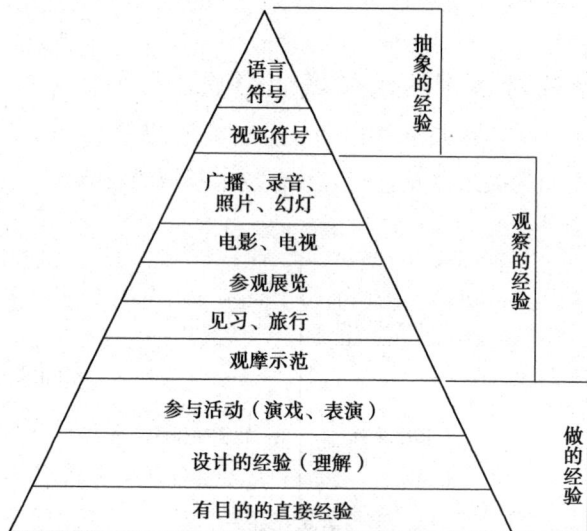

图 1.3 戴尔经验之塔

1.有目的的直接经验

戴尔认为经验之塔的最底层是直接的经验,是直接与真实事物本身接触的经验,是最丰富的具体经验。即通过对事物的看、听、尝、嗅、做所取得的经验。

2.设计的经验

这是"真实的改编",这种改编,可以使人们对真实更容易理解。如制作模型,尽管模型与原物相比,其大小和复杂程度有所不同,但通过制作模型,可以产生比用实物教学更好的效果。

3.参与活动

通过演戏、表演,感受那些在正常情形下无法获得的感情上和观念上的体验。

以上三个方面的经验,都包含有亲自的活动,在这三种方式中,学习者不仅仅是活动的旁观者,更是活动的参与者。

4.观摩示范

通过看别人怎么做,使学生知道是如何做的,以后他自己就可以动手模仿着去做。

5.见习、旅行

见习、旅行的主要目的是观察课堂上看不到的各种真实事物和景象。

6.参观展览

通过观察展览中陈列的材料取得观察的经验。

7.电影、电视

屏幕上的事物是实际事物的代表,而不是它本身。通过看电影、电视,得到的是替代的经验。

8.广播、录音、照片、幻灯

它们提供的内容更加抽象。照片和幻灯缺乏电影和电视画面的动感、广播和录音则缺少视觉映像。但它们给学习者提供的是视听刺激,故仍属一种"观察"的学习经验。

9.视觉符号

视觉符号主要指表达一定含义的图形、模拟图形等抽象符号。

10.语言符号

语言符号包括口头语言和书面语言(即文字符号)两种,是一种纯粹的抽象。

1.4.2 "经验之塔"理论的要点

1.塔底层的经验

经验之塔底层的经验是最直接、具体的,学习时最容易理解,也便于记忆。越往上越趋于抽象,但并不是说,获取任何经验都必须经过从底层到顶层的阶梯,也并不是说下一层的经验比上一层的经验更有用。划分层次,是为了说明各种经验的具体与抽象的程度。

2.学习方法

教育应从具体经验入手,逐步上升到抽象。有效的学习方法,应该首先给学生丰富的具体经验。只让学生记住许多普通法则和概念,而没有具体经验做支柱,是教育上的最大失败。

3.教育升华

教育不能满足于获取一些具体经验,不能过于具体化,而必须向抽象化和普遍化方向发展,上升到理论,发展思维,形成概念。概念是进行思维、探求知识的工具,它可以指导进一步的实践。

4.替代经验

位于经验之塔中层的视听教具,比语言、视听符号更能为学生提供较具体的和易于理解的经验,是替代经验。它能冲破时空的限制,弥补学生直接经验之不足,且易于培养学生的观察能力。

5.形成科学的抽象

在学校中,应用各种教育媒体,以使教育更为具体,从而形成科学的抽象。把具体的直接经验看得过重,使教育过于具体化,而忽视达到普通化的充分理解是危险的。但当今的教育还远远没有达到应有的具体程度,因此加强视听教育是完全必要的。

"经验之塔"理论所阐述的是经验抽象程度的关系,符合人们认识事物由具体到抽象、由感性到理性、由个别到一般的认识规律。而位于塔中部的广播、录音、照片、幻灯、电影、电视等介于做的经验与抽象经验之间,既能为学生学习提供必要的感性材料,容易理解,容易记忆,又便于借助解说或教师的提示、概括、总结,从具体的画面上升到抽象的概念、定理,形成规律,是有效的学习手段。因此,它不仅是视听教育理论的基础,也是现代教育技术的重要理论之一。

1.5 传播理论

传播是自然界和人类社会的普遍现象。从远古的生物进化,到当代形形色色的社会活动,无不涉及信息的传播和利用。传播学是一门研究人类传播行为的科学,它是随着广播、电视、书刊、报纸等传播媒体的发展,逐步从社会学、心理学、政治学等学科分离出来的一门学科。

从某种意义上来说,教育也是一种传播活动,它是按照确定的教育目标,通过教育媒体,将相应的教育内容传递给特定的教育对象。教育传播与大众传播有许多共同之处,两者关系密切,可以把传播理论的研究成果应用到现代媒体教育中,提高教育质量和效率。因此,传播理论也是现代教育技术的基础理论之一。

1.5.1 传播的概念和类型

传播学诞生于20世纪40年代,教育传播是从20世纪50—60年代以来逐渐形成的一个新的学术领域,它是传播理论向教育研究渗透而产生的结果。

传播原指"通信、传达、联系"之意,后专指信息的交换与交流。传播是自然界和人类社会的普遍现象,从远古的生物进化,到当代形形色色的社会活动,无不涉及信息的传播和利用。广义的传播可理解为"大自然中一切信息的传送或交换",包括植物、动物、机器、人所进行的信息传播。狭义的传播主要指人所进行的信息传播,又分为人的内在传播(或称自我传播)、人与人的传播。

每个人都可一分为二,成为一个"主我"与另一个"宾我"的对立统一体。平常一个人的自言自语、自我思考、自我安慰、自我剖析等,都属于人的内在传播的范畴。而人与人的传播,是指人们通过符号、信号,传递、接收与反馈信息的活动,是人们彼此交换意见、思想、感情,以达到互相了解和影响的过程。通常它包括人际传播、组织传播、大众传播和教育传播。

1.人际传播

人际传播是个人与个人之间的信息交流活动,包括面对面的直接传播和以媒体为中介的间接传播。直接传播主要是以语言表达信息,或用表情、姿势来强化、补充、修正语言的不足;间接传播是以媒体为中介,如电话、电报、电视、书信等进行信息交流。人际传播的目的是:

(1)沟通。通过交流,不仅使自己了解别人,也能使别人了解自己,达到相互了解、建立和谐关系的目的。

(2)调节。在传播过程中,通过了解别人对自己的各种反应,不断调节自己的行为和生活态度,使之符合社会需要。

2.组织传播

组织传播是组织与组织之间、组织内部成员之间的信息交流活动。组织是由一群相互关联的个体的组成,每个人都属于一定的组织,可以说,没有人能够离开组织而独立生活。传播是组织生存与发展的必不可少的条件,没有传播就没有组织。组织传播的目的:与其他组织达成有效的沟通,增进了解,建立良好的关系;使组织内部成员贡献出自己的力量并和睦共处,以共同的行动促进共同的利益。

3.大众传播

大众传播是传播者用专门编制的内容,通过媒体,对广大受众进行信息交流的活动。在大众传播中,传播者不是某个人,而是有组织的传播机构,如报社、广播电台、电视台等。传播的内容是经专门人员,根据预定的计划编写、设计、制作的,内容涉及的范围很广泛,运用的媒体有报纸、书刊、广播、电视等,受众是广大而不确定的人群,包括各种职业、各个阶层、不同文化程度的个体。大众传播的目的,是从多方面影响受众,使之接受或认同传播者的意向。

4.教育传播

教育传播是由教育者按照一定的要求,选定合适的信息内容,通过有效的媒体通道,把知识、技能、思想、观念等传递给特定的教育对象的一种活动,是教育者和受教育者之间的信息交流活动。它的目的是促进学习者的全面发展,培养社会所需的各种人才。

与其他传播活动相比,教育传播具有以下特点:

(1)明确的目的性。教育传播是以培养人才为目的的活动。

(2)内容的严格规定性。教育传播的内容是按照教学计划和教学大纲的要求严格规定的。

（3）受众的特定性。

（4）媒体和传播通道的多样性。在教育传播中,教育者既可以充分发挥口语和形体语言的作用,又可以用板书、模型、幻灯、电视等做媒体;既可以是面对面的交流,又可以是远距离的传播。

5.网络传播

若以媒体分类,现代传播又可分为书刊传播、电话传播、报纸传播、广播传播、电视传播和网络传播等。网络传播是以计算机网络为载体传递或交流信息的行为和过程,是一种新的传播方式。

网络传播既是对传统传播的继承,又具有以下自身的特征:

（1）传播的数字化。网络是以信息技术为基础的高速数据传递系统,只传递 0 和 1 的数字。

（2）传播的互动性。网络公众通过 BBS 论坛、QQ 群和网络调查等方式实现即时的信息交流、情感沟通。

（3）传播的快捷性。网络传播省略了传统媒体的印刷、制作、运输、发行等中间环节,发布的信息能在瞬间传递给受众,而且网络传播的内容可以方便地实时刷新,在内容上具有极强的时效性。

（4）信息的大容量。互联网络实现了在线资源共享,任何资料库内的信息资源只要联网,都可以成为公众的共享资源。

（5）检索的便利性。利用搜索引擎或新闻站点等多种检索方式,可以快速获得自己所需的信息。

（6）媒体的综合性。网络综合了报纸、广播、电视等传统传播方式,将文字、图片、声音、图像综合为一体,为公众提供全方位的信息。

（7）信息的再生性。网络中传播的信息可以复制或打印,成为个人信息。

（8）传播的开放性。网络的开放性体现在传播对象的平等性和传播范围的广阔性。

（9）传播的选择性。网络传播的网站众多,内容丰富且分工精细,网民选择范围极为宽广,每位网民都可以自由选择适合自己的个性化网站。

1.5.2 传播模式

传播学者研究传播过程,都毫不例外地把传播过程分解成若干个要素,然后用一定方式去研究这些要素之间的相互联系与相互作用,这样就构成了多种多样的研究传播过程的模式。这里介绍几种有代表性的模式。

1.拉斯威尔传播理论模式

拉斯威尔传播理论模式如图 1.4 所示,是传播理论研究中描述传播行为的一种简便方法,称为"5W"模式,它通过回答五个问题来描述传播行为:谁（Who）、说什么（Say What）、通过什么渠道（In Which Channel）、向谁说（To Whom）、产生什么效果（With What Effect）。

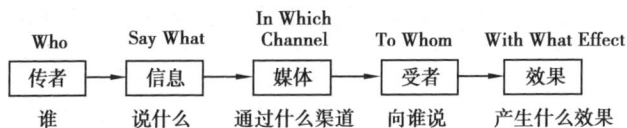

图 1.4　拉斯威尔传播理论模式

　　拉斯威尔传播理论明确地说明了传播的概念和过程,以及传播的基本要素,是传播的基本理论。拉斯威尔传播理论模式在大众传播中获得了广泛的应用。但这一模式过于简单,具有以下明显的缺陷:首先,它忽略了"反馈"的要素,是一种单向的而不是双向的模式,受其影响,过去的传播研究忽略了反馈过程的研究;其次,这个模式没有重视"为什么"或动机的研究问题。在动机方面,有两种值得重视的动机:一是为何使用传播媒体;二是传播者和传播组织为什么去传播。

　　现代教育技术应用拉斯威尔"5W"模式,主要是发挥传者(教师)、受者(学生)的主动性和积极性,选择和组合适合教育内容的现代教育媒体,通过这些媒体将信息直接或间接地传递给受者,并通过实践检验或证明其产生的效果,因此该模式对指导现代媒体教学有一定的作用。

2.香农—韦弗传播理论模式

　　1949 年,传播理论的奠基人之一,数学家香农和韦弗,从电话、电报的传播模式出发,运用数理统计方法,建立了研究信息处理和信息传递的科学,其传播理论模式如图 1.5 所示。

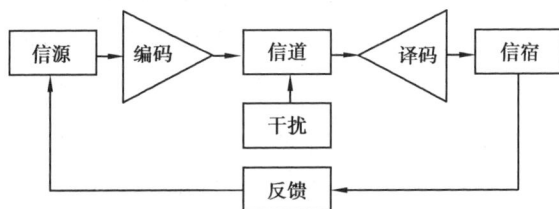

图 1.5　香农—韦弗传播理论模式

　　香农—韦弗传播理论模式认为,传播过程是"信源",即传者,把要提供的信息经过"编码",即转变成某种符号(如声音、文字、图片、图像等),通过一种或多种媒体传出。"信宿"即受者,接收这些经过"译码"(即解释符号)的信息符号。有效的信息传播需要传者的经验与受者的经验有一部分重叠,否则受者难以理解或正确认识,并且在信息传播过程中会有环境的干扰,或受者在处理收到的信息时会有反应,这种反应通过一定的渠道反馈给传者,传者根据反馈的情况重新设计或修改传播内容,使之更适合受者的需要,以提高传播效果。

　　香农—韦弗传播理论的最大贡献是在传播过程中引入了"反馈原理"。

　　这一模式可以用来解释教学过程。

　　首先,这一模式指出了教学系统的构成要素。信源(第一个要素)就是教师;信宿(第二个要素)就是学生;第三个要素是信息(即教学内容);信道(即通道与媒体)是第四个要素。

　　其次,这一模式说明了师生之间信息传播的过程。图中的"编码""信道""译码""干扰""反馈"以及一些箭头符号,是用来描述这一过程的。为了便于理解,分成几个环节来具体说明。

1)编码

教学信息是存在于人脑中的意识,这种状态的信息是无法传递的,必须转换成符号(如语言、文字、声音、图像等),才能传送出去让对方接受。当然,这些符号必须能表达信息的内容,并且是双方都认识的。在运用符号表达信息内容时,需要对符号加以编排和组合,这就是"编码"的意思。在图1.5中,来自信源的信息经过编码转换成信号这一环节,在教学过程中就是教师把要传递的教学信息经过编码转换成文字、语言符号的环节。不经过这个环节,教学信息无法传递。

2)记录、储存、传送

教师经过编码将信息转换成符号,然后通过记录、储存并传送给学生,这就是图中的信道(即通道与媒体)传送信号的环节。例如书本,就是把文字符号记录并储存起来,再通过光波传送到学生的视觉器官;电视录像,是把音像符号转换成电磁信号记录并储存起来,然后通过录像设备把电磁信号还原成音像符号传送到学生的视听觉器官。没有记录、储存、传送这一环节,教学信息转换成的符号就送不到学生那里。教学过程中经常发生这样的现象,即由于主观上和客观上的种种原因,学生没有听到(或听不清楚)、没有看到(或看不清楚)教师传送过来的符号,这就是图1.5中所示信道所受的"干扰"。干扰是影响教学效果的因素之一。教师讲话声音过低,教师身体遮住了学生的视线,转移学生注意力的一些事件,学生思想开小差等,都可以说是干扰。如何排除有害的干扰,利用有益的干扰,是教学中必须注意的问题。

3)感受、译码

教师传送给学生的符号,首先要由学生通过自己的感觉器官感受并接受下来,然后再通过头脑的加工,"译出"符号表达的信息内容,在头脑中形成新的认识,这才能说获得了信息。在图1.5中,信号通过译码转换成信息为信宿所获得,就是指这一环节。很多学习困难的学生,主要难以通过这一环节。

4)反馈

反馈是控制论的基本概念之一,是指系统将输送出去的信息作用于被控对象后产生的结果返送回来,并对信息的再输出产生影响作用的过程。

在教学过程中,学生感受和译码后,其(学习的)结果(通过提问、测试或学生的表情等反应)反馈给教师,教师根据反馈的信息,调整信息传递的速度、方法,也可通过认可、表扬、指正等方式指导学生顺利地获得信息。反馈这一环节,现在被普遍认为是教学过程中不可缺少的,没有反馈,就不能算作一个完整的教学过程。

现代教育技术采用香农—韦弗的模式,主要在于选择、制作适合表达和传播相应教育信息的现代教育媒体,掌握师生经验的重叠范围,及时分析来自各种渠道的反馈信息,以取得教育的最优化。

3.奥斯古德—施拉姆传播理论模式

传播理论中反馈这一概念的提出,反映了信息传播过程的双向性。研究教育传播理论的学者们,在香农—韦弗传播理论模式的基础上,根据教育的特点,又进一步强调了教学中师生的"互动"关系,更有力地揭示出教学过程中双方的主体性、主动性和交互性这一本质。图1.6所示的奥斯古德—施拉姆传播理论模式,形象地表达了这一思想。

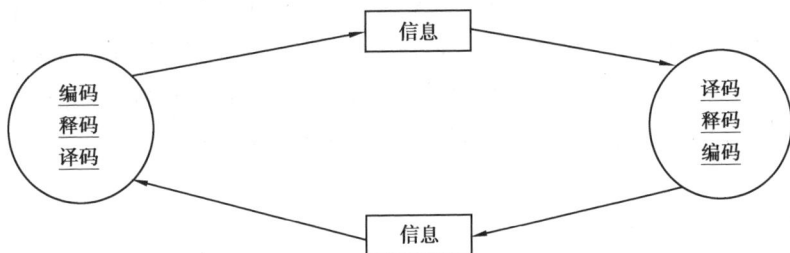

图 1.6　奥斯古德—施拉姆传播理论模式

与图1.5相比较,该模式省略了编码后形成的符号(或信号)通过信道传送(同时有干扰)这一环节,强调了师生双方交流信息过程中的互动关系。图1.5中的译码,前面已说明,是指感受传送过来的符号并译出其表达的内容的环节,而图1.6中用"译码"和"释码"来描述这一环节,因而显得更符合教学实际,"译码"是指对符号进行识别,"释码"是指进一步理解符号所表达的信息内容。

按图1.6所示,教师(教育者)和学生(受教育者)既是信息的传送者,又是信息的接受者,既是信息转换的编码者,又是信息转换的译码、释码者。这样,在交流过程中,双方不断变换传播角色,直至交流告一段落。这也表明了师生双方应该是相互平等的这一思想,师生双方应在教学中相互合作、相互理解,从而产生积极的相互影响。

4.韦斯特莱传播理论模式

韦斯特莱传播理论是一种控制论的模式,强调传播行为有目的、有计划地进行。其理论的模式如图1.7所示。

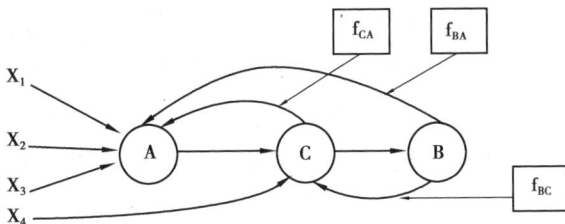

图 1.7　韦斯特莱传播理论模式

在图1.7中:

X_1、X_2、X_3、X_4——周围信息;

A——信息来源,即编制者;

C——信息传播线路上的把关人,即传者;

B——接受者,即受者;

f_{BA}——接受者向编制者反馈；

f_{BC}——接受者向把关人反馈；

f_{CA}——把关人向编制者反馈。

韦斯特莱传播理论的特点是传播的信息必须经过"把关人"的过滤,而且注意反馈。现代教育技术是利用现代教育媒体传播教育信息的,这种教育信息也应由把关人选择、过滤。在教育信息的传播过程中,通常 A 为教材的编制者,C 是授课的教师,B 是学习者,在这一过程中,教师起了把关人的作用,教师要获得最佳的教学效果,必须听取来自各方面的意见,即必须及时分析各个渠道的反馈信息。教材的编制者也应获取教师和学习者的反馈信息,提高教材的质量,只有从教学的整体观点来考虑,才能使教学过程最优化。

1.6 教育技术的发展趋势

教育技术的未来发展方向,一方面取决于理论与技术的发展状况,另一方面取决于教育的实际需求。从目前的情况来看,教育技术的发展方向将呈现以下几个特征。

1.现代教育技术作为交叉学科的特点将日益突出

作为一个交叉学科,现代教育技术融合了多种思想和理论。其交叉学科的特性决定了研究和实践主体的多元化,包括教育、心理、计算机技术、媒体理论等不同背景的专家和学者共同研究和实践,开放式的讨论与合作研究已经成为教育技术学科的重要特色。

2.现代教育技术将日益重视实践性和支持性研究

现代教育技术作为理论与实践并重的学科,需要理论指导实践,并在实践中进行理论研究。目前,现代教育技术研究前沿的两个领域是信息技术与课程整合及网络教育,所有这些乃至终身教育体系的建立都强调对学习者的支持,即围绕如何进行学习、提高绩效开展所有工作。正因为如此,人们将会越来越重视包括教师培训、教学资源建设、学习支持等在内的现代教育技术的实践性和支持性研究。

3.现代教育技术将日益关注技术环境下的学习心理研究

随着现代教育技术的发展,技术所支持的学习环境将真正体现出开放、共享、交互、协作等特点,因此,适应性学习和协作学习环境的创建将成为人们关注的重点。现代教育技术将更加关注技术环境下的学习心理研究,深入研究技术环境下人的学习行为特征、心理过程特征、影响学习者心理的因素,更加注重学习者内部情感等非智力因素,注重社会交互在学习中的作用。

4.现代教育技术的手段将日益网络化和多媒体化

现代教育技术网络化的主要标志是 Internet 应用的迅速发展,基于网络的学习模式集文字、声音、图像于一体,消除了时空距离,实现自由自在的对话,使师生之间、学员之间的双向交流能很好地进行。利用计算机媒体与其他教学媒体相结合共同参与课堂教学过程,形成了不同的教学模式,如虚拟现实技术与多媒体仿真技术的使用,可以形成交互式人工世界,能给学生身临其境的真实感受,使学习者亲自体验现实中无法实现的经历,变抽象内容为具体内容和具体感知,提高学习效果。

1.7　师范生学习教育技术的必要性

信息时代对人才的培养提出了新的要求,新理念和新方法推动着教育迈入一个新的变革时代。我国在 20 世纪末适时地提出了素质教育工程,旨在运用现代的教育思想和技术方法,培养适合 21 世纪发展需要的、具有优良综合素质的合格人才。教育改革对教师提出了新的挑战,今天的教育已不再是传统的教与学的单向输入,而是提倡以学生为主体的学习活动的开发与实施。现代教育活动更强调自主性、个性化、多元化,教师的角色也转变为学习资源的组织者、过程的设计者、行为的引导者。教育技术的发展是这场教育变革的重要特征之一,同时又对教育改革的发展起着重要作用。师范院校的学生,作为未来的教师,掌握现代教育技术的基本理论和方法就必然成为其职业素质的重要要求之一。

1.7.1　信息时代教育面临的挑战

在当今的信息时代,教育正逐步走向多元化、终身化、全民化,受此影响,教育教学也逐渐体现出信息化、多媒化、网络化等特点,推进教育改革,就是要改变传统的教学模式,切实提高教育教学质量,实现综合素质教育,使学生掌握基本理论知识和实践应用技能。技术的发展影响着教育的发展,反过来教育的进步又推动着技术的革新,如果没有教育技术作为坚强后盾,教育改革必将显得苍白无力,学生也不可能得到更好的发展。因此,对师范生而言,只有拥有良好的教育技术能力和素养,才能更好地适应当今的教育教学形势。

现代教育技术以其多样性、综合性、高效性等特点,正迅速改变着传统的教学模式和教学手段,从而引发了一场教学革命。在教学改革不断深入的教育环境下,如何提高师范生的教育技术能力成为关乎未来教育的重要问题。当今高等师范院校的教育技术教育尚未形成规范化、标准化体系,师范生的教育技术素养亟待提升。因此,应注重对师范生教育技术潜能的开发,使之维持可持续发展能力。

1.7.2　现代教育技术在教育改革中的作用

1.现代教育技术是教育改革的突破口

现代教育技术因其特定的产生与发展环境,具有鲜明的时代特征。正因如此,在新的教育思想和理念指导下,运用现代教育技术改革教学活动,从最具体的技术手段出发,逐步拓展,进而对教学内容、教学模式、教学资源、管理体制乃至教学理论产生深刻影响,有力地推动了教育的整体改革。现代教育技术的另一个特征是系统方法的思想,而这一理念的普及,必将促使教育者从单一的关注手段转向关注与学习有关的各个环节,从整体的角度设计与评价教学活动,这必然促进教育各方面改革的协调进行。

2.现代教育技术可以促进教育教学模式的改革

现代教育要求教育形式的多样化,使学习者在学习过程中不仅能获得知识,还能够培养学习能力,提高综合素质。现代教育技术无论从教学设计的思想,还是媒体技术的功能来看,都为教师探索新的教育教学模式提供了一个空间。通过应用现代教育技术,可以更科学和便捷地重新整合教学资源,控制教学过程,可以创造出更多符合学习者特征的、具有个性化的教学模式,以实现更有效的学习。课堂教学、远程教育、个别化学习等各种不同教学实践领域,都可以从现代教育技术的应用中,获得重要的理论与技术支撑,这一点尤其在我国教育界目前正在实施的创新教育、研究性学习等具体的教育改革内容中,起着重要作用。

3.现代教育技术的应用有助于学生学习能力的培养

教育改革的主要目的之一,就是要使受教育者在获得知识的同时,提高自身的综合素质,而学习能力是一个人综合素质中的重要组成部分。现代教育技术所提供的空间,可以使学习者有更大的自由度来选择学习的方式,在教师的有效指导下,学生能够更迅速、高效地实现学习目标。同时在这一过程中,学生自身的学习能力,包括信息的组织处理能力、对问题的分析能力、综合判断能力、合作学习能力、评价能力等,都能得到不断的提高,真正做到"学会学习"。

1.7.3 师范生学习现代教育技术的基本内容

鉴于现代教育技术在教育中的重要作用,要求教师必须掌握一定的教育技术技能,师范生只有在校学好这门课,才能适应未来教育发展的需要,胜任教师工作。从教师主要从事学校教育的角度来看,师范生学习教育技术的主要内容有以下几个方面。

1.教育技术理论与方法

师范生学习现代教育技术应当以《中小学教师教育技术能力标准(试行)》为参照,明确学习现代教育技术课程的目的是培养师范生的教育技术能力,培养其运用教育技术革新课堂教学的意识,提高其从事教育教学的基本能力。现代教育技术由教育技术理论和教育技术技能两大部分构成。在教育技术学习中,既不能过于侧重理论性,也不能过于侧重技术性,应该是理论性和技术性并重,着力培养师范生的教育技术综合能力。

2.现代教学设计理论与方法

要在教育学、心理学、系统理论等知识的基础上,深入了解和研究现代教学设计的思想,并学会用相关的设计方法来规划某一学科的教学活动。这其中包括目标分析、学习者分析、媒体选择、过程设计以及评价方法等各项环节。只有掌握了教学设计,才能使教育技术真正体现出价值,才能避免盲目追求先进手段的形式化做法。

3.以信息技术为核心的媒体应用技术

作为21世纪的教师,不仅应具备基本的信息技术,同时还应掌握在教学中所能运用到的相关媒体技术,如常规设备的使用,图片、声音及其他素材的处理,影像动画的基本制作技能以及以多媒体计算机为主的教学资源开发和使用技术等,这方面也可以称作是硬件设备的操作技术。只有掌握了扎实的硬件技术,教育技术的应用才能真正实现,否则只能是纸上谈兵。

4.教学软件的开发制作技术

教师的教育技术素质,不仅包括在教学过程中熟练使用各类媒体设备的能力和对教学活动的设计能力,还应具备基本的教学软件开发能力。这里的教学软件是指各类承载教学信息的电子类材料,包括多媒体课件、电视教学片、录音教材、幻灯片、投影片等。教师只有掌握了这些教学资源的开发技术,才能更科学地组织教学内容,设计教学模式,使教学活动更有效。另外,教师参与或独立开发教学软件的过程,也是教学系统设计工程的重要组成部分。所以教学软件尤其是多媒体课件的开发能力,是学习现代教育技术的重要内容。

5.利用教育技术进行信息技术与学科课程整合的技术

信息技术与学科课程整合作为一种新型的教学方式,已经成为基础教育教学改革的主流,也是基础教育所关注的热点问题之一。信息技术与课程整合需要借助教育技术的相关理论和方法,以现代教育技术的教育思想理论为指导,在数字化的学习环境中利用信息技术与其他学科进行整合,充分发挥信息技术、信息资源、人力资源的优势,促进学生的学习。作为未来的教师,师范生应该具备信息技术与学科课程整合的意识和能力,而这种能力的培养是教育技术学习的目的之一。因此,借助教育技术手段进行课程整合的技术和方法是师范生学习教育技术的重要内容。

1.7.4 师范生学习现代教育技术的要求

1.转变教育教学观念,正确认识教育媒体

在信息时代的今天,学生获取知识的来源已经不仅仅局限于教师和书本等传统方式,四通八达的信息网络,使他们获取知识的途径更加多元化,现代教育技术将打破时空的限制,实现面对社会全体开放的个体化教学,既实现教育的全民化,又实现保证质量前提下的教育个人化。教师对现代教学媒体的态度直接影响了现代教育技术在教学中的应用。师范生作为未来的教师,应以积极的心态迎接挑战,对新的教育技术不恐惧、不回避、不排斥,建立良好的自信心,自觉自愿地学习和运用现代教育技术。

2.重视教育技术,努力创造良好条件

师范院校要更多更好地培养出适应新世纪的创新人才,就应积极推进教学手段的现代化进程,尤其要重视多媒体计算机及网络等现代教育技术手段在教育教学中的运用,把现代教育技术作为高校改革和发展的制高点与突破口,为学生提供必要的学习环境与条件。学生应充分利用这些条件,学习现代教育技术的相关理论和技能,有意识地开发自身的教育技术潜能。

3.注重实际应用能力,加强教育技术技能培养

对师范生的教育技术教学应着眼于理论和技术两个层面,把教育技术的内容灵活多样地呈现在实际教学过程中,让学生耳濡目染,接受现代教育技术思想和理论。另外,加强对师范生的现代教育技术技能的培养,既要注重教育教学理论学习也要注重实践操作技能,要能灵活使用各种教育媒体,对于教学过程中经常使用的媒体设备,也要能够灵活操作使用,注重培养学生的实际使用能力,鼓励学生学习新技术,并探索将其应用于具体的教育教学中。

4.根据专业不同,学习内容有所区别和侧重

教育技术课程内容体系较为庞杂,需要学习的理论、技术、技能繁多,在有限的课时内难以保证学生能够掌握所有相关的知识和技能。由于专业学科背景不同,对学生的要求有较大差异,不能用统一化的课程内容去完成所有专业的教学任务。对于不同专业背景的教学对象,在教学内容上应当有所取舍、有所侧重。如对理科专业背景的师范生,可以适当增加几何画板之类的相对专业化的工具和技术的学习。总之,教育技术课程的学习内容应该与师范生的专业知识以及将来所要担任的学科课程结合起来,充分调动他们的学习积极性,增强他们的学习兴趣和动力。

师范生掌握必备教育技术技能,是教育改革的需要,是教育面向现代化的需要,应该得到师范院校的高度重视。但师范生教育技术能力的发展是一种综合性能力的培养,它既涉及理论知识的培养又涉及实践能力的培养,为了适应新时代对教师的要求,师范生既应注重发掘自身的教育技术潜能,更要充分利用各种资源使这种能力得到不断发展。

思考与练习

1.谈谈你对教育技术的定义的理解。

2.谈谈你对信息技术与课程整合的目标的认识。

3.联系实际谈谈我国现代教育技术的发展及现状。

4.谈谈你对学习现代教育技术的重要性和必要性的认识。

5.学习理论有哪几个主要流派?它们的主要观点是什么?

6.戴尔的"经验之塔"理论的要点是什么?对研究现代教育技术有什么指导意义?

第 2 章　教学设计

教学系统设计(Instructional System Design,ISD),通常也称教学设计,这门学科的发展综合了多种理论和技术的研究成果。其研究的是如何设计教学、确保教学实施,以期帮助学习者达到最好的学习效果。

2.1　教学设计概述

2.1.1　教学设计的概念和特点

1.什么是教学设计

"教学设计是设计科学大家庭的一员,设计科学各成员的共同特征是用科学原理及应用来满足人的需要。因此,教学设计是对学业业绩问题的解决措施进行策划的过程。"(帕顿,1989)

"教学是以促进学习的方式影响学习者的一系列事件,而教学设计是一个系统化规划教学系统的过程。"(加涅,1992)

"教学系统设计是运用系统方法分析研究教学过程中相互联系的各部分的问题和需求,确立解决它们的方法和步骤,然后评价教学成果的系统计划过程。"(肯普,1994)

"教学系统设计是运用系统方法分析教学问题和确定教学目标,建立解决问题的策略方案、试行解决方案、评价试行结果和对方案进行修改的过程。"(乌美娜,1994)

"教学是一门科学,而教学设计是建立在这一坚实基础上的技术,因而教学设计也可以被认为是科学型的技术(Science-Based Technology)。教学的目的是使学生获得知识技能,教学设计的目的是创设和开发促进学生掌握这些知识技能的学习经验和学习环境。"(梅瑞尔,1996)

人们对教学系统设计内涵的理解有着不同角度以及各自的侧重点,有的突出教学系统设计的系统特征,如加涅、肯普、乌美娜等;有的侧重于学习经验与学习环境的设计与开发,如梅瑞尔;有的则从设计科学的角度出发,突出了教学系统设计的设计本质,如帕顿等。

通过对这些定义的分析比较,我们可以认为教学系统设计主要是以促进学习者的学习为根本目的,运用系统方法,将学习理论与教学理论等的原理转换成对教学目标、教学内容、教学方法和教学策略、教学评价等环节进行具体计划、创设有效的教与学系统的过程或程序。

2.教学设计的特点

教学系统设计是以解决教学问题、优化学习为目的的特殊的设计活动,既具有设计学科的一般性质,又必须遵循教学的基本规律。

教学设计具备以下特点:

(1)教学设计运用的是系统的观点和方法。教学设计活动是一种系统的非偶然的、随意的活动,这决定了需要把教学活动放到系统中考虑。需要通过一系列科学的设计程序,设计出符合教学规律的方案,达到最优的教学效果。

(2)教学设计是以教学理论为基础的。教学设计的产物是一种教学系统实施的方案或能实现预期功能的教学系统,因此教学设计必须要以教和学的科学理论为基础。

(3)教学设计强调建立可操作的具体教学目标。在教学设计过程中,需要用可观察的行为来描述教学目标,使其更明确、具体,便于操作和测量。

(4)教学设计强调对教学对象的了解,正确分析其学习需求。学习者是学习活动的主体,只有充分了解学习者的情况,才能创设适用于学生特点的学习情境,达成教学目标。

(5)教学设计注重效果评价和反馈环节。教学设计应是动态、优化的过程,这决定在教学设计的过程中,要对评价结果进行反馈,及时调整教学策略。

2.1.2 教学设计的产生与发展

最初人们在对教与学的活动进行计划和安排上,主要把精力分别放在探索学习机制和教学机制上。对教学过程中涉及教师、学生、教学内容、教学方法和手段等各个要素和相互间的关系进行了大量的研究。对整个教学过程及各个阶段的设计、对教学中各个要素的配置仅仅停留在经验型的传统的安排与计划上。但是,在实践中遇到了许多对这些要素如何协调、如何控制的问题,从而萌发了一些科学地进行教学计划的原始构想,最早提出这种构想的先驱是美国哲学家、教育家杜威和美国心理学家、测量学家桑代克。

20世纪50年代中期,斯金纳改进和发展了教学机器,以行为主义心理学的联结学习理论为基础,创造了程序教学法。在60年代初期以前,程序教学停留在对程序形式及程序系列组成的研究上,到了中期便转移到对目标分析、逻辑顺序等问题的研究,要求程序教学的设计者根据教学目标来配置刺激群与反应群的关系,把注意力集中在最优的教学策略上来。由于这一时期系统科学已被引入教育领域,教育技术也发展到系统技术阶段,系统研究教学过程的思想逐步受到人们的注意。人们冲破了把程序教学作为一种技术来研究人-机关系的限制,开始借助程序教学和教学机器全面地探讨起教学的全过程,也开始对教学目标、教学效果、各种媒体的作用及其相互关系,怎样对教学进行系统分析,怎样才能优化教学全过程等一系列教学问题进行了大量的研究和实践工作。这一时期,是教学设计思想和理论的形成阶段。

60年代后期,许多教育家和心理学家通过众多的教学试验,明确决定教学效果的变量是极其复杂的。要设计最优的教学过程,教学目标的设定和控制教学目标指向与各种变量的操作十分重要,并确定只有引入系统方法进行设计操作,才能做到对各种教学要素进行综合、系统的考虑,协调其关系,制订教学策略,并通过评价、修改来实现教学过程的优化。

　　自70年代以来,教学设计的研究已经形成一个专门的领域。教学设计也被大面积应用于教育、教学系统之中。我国自80年代中期以来,也在积极地开展教学设计的理论研究,并致力于把教学设计理论与我国教育、教学实践相结合。

2.2　教学设计的基本过程

　　教学设计本身是一种实施教学系统方法的、具体的、可操作的程序。它综合了教学过程中的诸多要素,人们可以将运用系统方法的设计过程进行模式化。教学设计过程模式的主要作用是确定教学设计的步骤,并对教学问题的解决提供特定的指导作用。

　　关于教学过程模式,目前有诸多不同类型的理论,但各类教学设计模式中都包含以下核心要素:(1)分析教学对象;(2)制订教学目标;(3)选用教学方法;(4)实施教学评价。完整的教学设计过程应是在这四个基本要素的架构上建立的。一般包括以下组成部分:教学实际的前期分析,阐明教学目标,制订教学策略(包括教学媒体的选择和设计),教学设计成果的评价与修改。各部分相互联系、相互制约,组合成一个有机的教学系统,如图2.1所示。

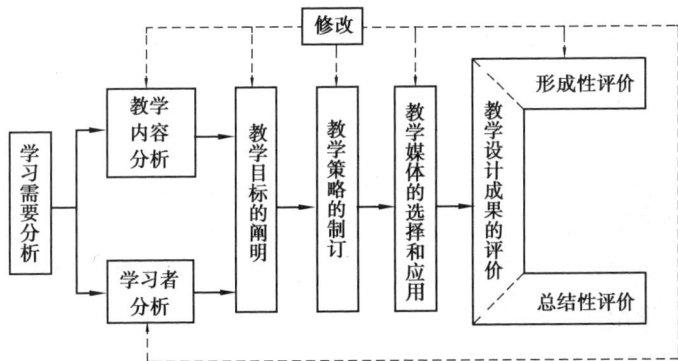

图 2.1　教学设计的一般过程

2.2.1　前期分析

　　教学设计的前期分析主要包括学习需要分析、教学内容分析、学习者分析。利用这三项分析,可以使我们更好地制订教学目标、确定教学策略、选择教学媒体、设计教学模式、实施教学评价,科学规范地完成教学设计。

　　1.学习需要分析

　　学习需要是指学生学习方面目前的状况与所期望达到的状况之间的差距,也就是学生目前水平与期望学生达到的水平之间的差距,如图2.2所示。

　　学习需要分析也称"学习需要的评价",是指通过系统的分析,发现教学中存在的问题,通过分析问题产生的原因,确定问题的性质,论证解决问题的必要性和可行性的调查研究过程。学习需要分析的核心是发现问题,而不是寻求解决问题的办法。

$$\boxed{\begin{array}{c}\text{差距}\\(\text{学习需要})\end{array}} = \boxed{\text{期望达到的学习状况}} - \boxed{\text{目前的学习状况}}$$

图 2.2　学习需要分析

2.教学内容分析

教学内容是为实现教学目标而需要学生必须掌握的知识和技能,以及应该形成的态度的总和。教学内容分析是指学生从起始能力,转化为教学目标所规定的终点能力,所需学习的从属先决知识、技能和态度及其关系进行详细剖析的过程。

3.学习者分析

学习者作为学习活动的主体,其具有的认知、情感、社会等特征都将对学习的信息加工过程产生影响。因此教学系统设计是否与学习者的特点相匹配,是决定教学系统设计成功与否的关键因素。进行学习者分析,目的是了解学生的学习准备、学习风格、学习动机,以便为后续的教学系统设计步骤提供依据。

2.2.2　教学目标的分析与设计

教学是促使学习者朝着目标所规定的方向产生变化的过程,因此在教学系统设计中,教学目标是否明确、具体、规范,直接影响到教学是否能沿着预定的、正确的方向进行。

1.教学目标概述

教学目标(或学习目标)是对学习者通过教学后应该表现出来的,可见行为的具体的、明确的表述。它是教学设计活动的起点和最终归宿。在教学中,它具有以下几个功能:(1) 教学目标可以提供分析教材和设计教学活动的依据;(2)教学目标描述具体的行为表现,能为教学评价提供科学依据;(3)教学目标可以激发学习者的学习动机;(4)教学目标可以为教师提供评价和修改教学过程的依据。

2.教学目标分类理论

1)布鲁姆的教学目标分类理论

教学目标分类理论是 20 世纪 50 年代以布鲁姆为代表的美国心理学家提出的。在这个理论体系中,布鲁姆等人将教学活动所要实现的整体目标分为认知、情感和动作技能三大领域,并从实现各个领域的最终目标出发,确定了一系列目标序列,见表 2.1。将认知领域的目标分为知道、领会、运用、分析、综合和评价六个层次。将动作技能领域的目标分成四类:知觉能力、体力、技能动作和有意交流。将情感类目标分成五类:接受、反应、价值判断、组织化和个性化。

2)加涅的学习结果分类理论

美国当代著名教育心理学家加涅是继布鲁姆之后,又一位对目标理论有重大影响的心理学家。加涅在《学习的条件》一书中,对学习结构进行了分类,提出了五种学习结果:言语信息、智力技能、动作技能、认知策略和态度。

表 2.1 布鲁姆等人的教育目标分类

等 级	认 知	动作技能	情 感
低级 ↓ 高级	知道 领会 运用 分析 综合 评价	知觉能力 体力 技能动作 有意交流	接受或注意 反应 评价 组织 价值与价值体系的个体化

3.教学目标的编写方法

(1)编写教学目标的基本要求。在教学设计的实践中,教育研究者认为一个规范的学习目标应包括四个要素。为了便于记忆,他们把编写学习目标的基本要素简称为"ABCD 模式":A 指对象(Audience):阐明教学对象;B 指行为(Behaviour):说明通过学习之后,学习者应能做什么(行为的变化);C 指条件(Condition):说明上述行为是在什么条件下产生;D 指标准(Degree):规定达到上述行为的最低标准(即达到所要求行为的程度)。

(2)教学目标的具体编写方法。在教学目标编写过程中,描述学习目标包括四项构成要素:①对象的表述,教学目标的表述中应注明教学对象。例如:"小学六年级的学生""参加在职培训的技术人员"等。②行为的表述(见表 2.2—表 2.4),教学目标中应说明学习者在教学结束后应该获得怎样的能力。③条件的表述,表示学习者完成规定行为时所处的情境。④标准的表述,标准是行为完成质量可被接受的最低程度的衡量依据。标准一般从行为的速度、准确性和质量三方面来确定。

表 2.2 编写认知学习目标可供选用的动词

学习目标层次	特 征	可参考选用的动词
知道	对信息的回忆	为……下定义、列举、说出(写出)……的名称、复述、排列、背诵、辨认、回忆、选择、描述、标明、指明
领会	用自己的语言解释信息	分类、叙述、解释、鉴别、选择、转换、区别、估计、引申、归纳、举例说明、猜测、摘要、改写
运用	将知识运用到新的情境中	运用、计算、示范、改变、阐述、解释、说明、修改、订计划、制订……方案、解答
分析	将知识分解,找出各部分之间的联系	分析、分类、比较、对照、图示、区别、检查、指出、评析
综合	将知识各部分重新组合,形成一个新的整体	编写、写作、创造、设计、提出、组织、计划、综合、归纳、总结
评价	根据一定标准进行判断	鉴别、比较、评定、判断、总结、证明、说出……价值

表 2.3　编写情感学习目标可供选用的动词

学习目标层次	特　征	可参考选用的动词
接受或注意	愿意注意某事件或活动	听讲、知道、看出、注意、选择、接受、赞同、容忍
反应	乐意以某种方式加入某事,以示做出反应	陈述、回答、完成、选择、列举、遵守、记录、听从、称赞、欢呼、表现、帮助
评价	对现象或行为做价值判断,从而表示接受、追求某事,表现出一定的坚定性	接受、承认、参加、完成、决定、影响、支持、辩论、论证、判别、区别、解释、评价、继续
组织	把许多不同的价值标准组成一个体系并确定它们之间的相互关系,建立重要的和一般的价值	讨论、组织、判断、使联系、确定、建立、选择、比较、下定义、系统阐述、权衡、选择、制订计划、决定
价值与价值体系的个体化	长期控制自己的行为以致发展了性格化的价值体系	修正、改变、接受、判断、拒绝、相信、继续、解决、贯彻、要求、抵制、认为……一致、正视

表 2.4　编写动作技能学习目标可供选用的动词

学习目标层次	特　征	可参考选用的动词
知觉能力	根据环境刺激做出调节	旋转、屈身、保持平衡、接住（某物体）、踢、移动
体力	基本素质的提高	提高耐力、迅速反应、举重
技能动作	进行复杂的动作	演奏、使用、装配、操作、调节
有意交流	传递情感的动作	用动作表达感情、改变脸部表情、舞蹈

下面几个教学目标实例中均包含了"对象""行为""条件""标准"四个要素:

例 1:提供 10 道除法的算式,小学二年级学生能算出正确答案,准确率达 90%。

例 2:历史系二年级的学生阅读所布置的 7 篇材料后,能撰文对两种古代文化的差异进行比较,至少列举每种古代文化的 5 种特征。

例 3:新兵战士通过一个月的集训,应能在距离标准圆靶 50 m 处,使用标准步枪在 20 s 以内射击 5 次,至少有 4 次击中靶心。

2.2.3　教学策略的制订

为了实现教学目标、满足学习需要,人们需要制订相应的策略。可以认为,教学策略是对为完成特定的教学目标而采用的教学活动的程序、方法、形式和媒体等因素的总体考虑。

1.教学活动程序

在信息加工理论基础上,有目的、有计划地对这个过程施加外部事件的影响则为教学活动,而对此过程所进行的描述则为教学活动的程序。教学活动主要包括准备活动、学生参与、测验及补充活动等教学事件。目前常用的教学活动程序有传递—接受程序、引导—发现程序、示范—模仿程序、情景—陶冶程序。

2.教学方法

教学方法是教师和学生为了达到教学目标,由教学原则指导,借助教学手段(工具、媒体或设备)而进行的师生相互作用的活动,它既有教师教的行为,又有学生学的行为,而且两者相辅相成。与认知类学习结果有关的教学方法有讲授法、练习法、演示法、实验法、谈话法、实习作业法、讨论法;与获得动作技能有关的教学方法有示范—模仿法、练习—反馈法;与情感、态度有关的教学方法有直接强化法、间接强化法。

面对各种各样的教学方法,一般认为应该根据教学目标、学生特点、教师特点、教学环境、教学时间、教学技术条件等诸多因素来选择教学方法。

3.教学组织形式

所谓教学组织形式,就是根据教学的主观和客观条件,从时间、空间、人员组合等方面考虑安排的教学活动的方式。教学组织形式归纳起来有以下三类:集体授课、个别化教学、小组协作学习。

4.教学媒体的选择与运用

教学媒体的选择既是教学设计的一个重要环节,也是教学策略的一个重要组成部分。在现代教学中,媒体发挥着越来越重要的作用。由于不同教学媒体的特性不同,各种媒体都有自己的优缺点,没有一种媒体能对任何学习目标和任何学习者发生最佳的相互作用。但是,对于某些具体的教学目标来说,还是存在某种媒体,其教学效果明显优于其他媒体,因此教学媒体的选择有重要的意义,如图 2.3 所示。

2.2.4　教学设计成果的评价

教学设计成果评价既有一般教学评价的共性,也有其自身的特点。教学设计成果评价主要是形成性评价,即在设计推广使用之前,先在一定范围内进行试用,以了解教学系统的试用效果,如可行性、可用性、有效性等。教学目标的达成程度是评价的主要方面,其目的是获得教学设计产品的反馈信息,对教学设计做出进一步的修改,提高教学设计的质量。其评价过程包括:(1)制订必要的评价计划;(2)选定必要的评价工具;(3)教学设计产品的试用;(4)收集教学活动的信息;(5)归纳和分析评价信息;(6)报告评价结果。

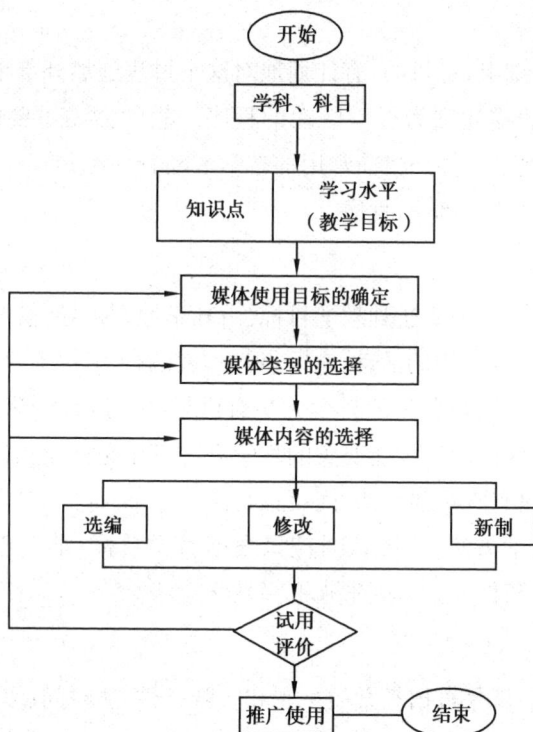

图 2.3 教学媒体选择的程序

2.3 教学设计举例

"轴对称图形"教学设计方案

案例名称	轴对称图形		
科目	数学	教学对象	六年级学生
设计者	倪其龙	课时	1 课时

一、教材内容分析

　　"轴对称图形"是九年义务教育六年制小学数学第十一册的内容。对称分为轴对称和中心对称。教材讲的是对称图形,限于轴对称图形。在自然界和日常生活中具有轴对称性质的事物有很多,本节课的内容对学生来说是比较熟悉的,他们经常会看到、接触到轴对称图形。绝大多数学生都认识轴对称图形,但平时未能仔细观察周边事物,真正掌握其特征。因此,在教学过程中,应非常注重与生活的联系,让学生进行实际操作,在实践活动中认识图形的特征

二、教学目标(知识、技能、情感态度、价值观)

知识与技能:掌握轴对称图形的特征,理解对称轴的含义,能准确判断哪些图形是轴对称图形,并能找出轴对称图形的对称轴。

过程与方法:学生通过观察、思考、实践、发现,亲历知识形成的过程,进一步掌握观察、思考、归纳的数学学习方法。

情感、态度和价值观:学生感受对称美,陶冶热爱数学的情感和形成乐于探索的态度,学生体会数学在生活中的实际价值

三、教学重、难点

教学重点:掌握轴对称图形的特征,能准确判断哪些图形是轴对称图形,并能找出轴对称图形的对称轴。

教学难点:准确找出轴对称图形的对称轴。

四、学习者特征分析

①学习对象:六年级学生。

②学生知识储备:已经初步感知了生活中的对称、平移和旋转现象,能在方格纸上画简单的轴对称图形。

③学生生活经验:学生对于轴对称图形应该并不陌生,因为在生活中他们经常会看到、接触到轴对称图形。

④学生思维特征:针对高年级学生的年龄特征、认知水平、思维特征,他们不像中年级学生那样孤立地看问题、想问题、操作和交流,而应该重点用系统思维的方法从多角度、多层面去提出问题,分析问题,获取信息,抽象归纳,交流与评价

五、教学策略选择与设计

改变学生的学习方式,以自主探索、合作交流、动手实践为主要学习方式,促进学生的自主学习。

充分尊重学生的生活经验和认知基础,引导学生联系实际,感悟“生活数学”理念。

将数学欣赏融入教学中,感受数学美。

本节课信息技术成为创设情境的工具;为学生提供丰富的资源信息加工的认知工具,从而彻底改变学生的学习方式

六、教学媒体选择分析表

知识点	学习目标	媒体类型	媒体内容要点	教学作用	使用方式	所得结论	占用时间	媒体来源
“质”对称,激趣引入	初步感知对称美	图片	实物图片(不对称图、美丽的蝴蝶图片)	创设情境,激趣引新	图片展示、猜测、设疑	为新课作准备	3分钟	下载+自制

续表

"识"对称,感悟特征	了解对称图与对称轴	实物+文字	"喜"字剪纸、合页实物	提供示范、正确操作	①学生自己作品投影、议论。②演示、提问、总结	反馈、归纳,节约时间	8分钟	学生自制 教师购买
"用"对称,加深理解	①辨析。②探究常见几何图形的对称轴	图片+表格	①各种图片。②表格	师生共同探索,归纳	①设疑、演示、概括。②边演示、边议论	充分培养学习兴趣,突破重点	10分钟	自制
"赏"对称,畅谈收获	感受对称美和数学在生活中的实际价值	图片	京剧脸谱、中国结等图片	欣赏审美、陶冶情操	边演示、边讲解	重点突出,便于记忆	5分钟	下载+自制
"做"对称,拓展延伸	应用所学的知识去创造美,体验美,欣赏美	文字+实物	练习	归纳总结、复习巩固	①边演示、边讲解。②学生自己作品投影、评价	内容条理化,节约教学时间	5分钟	学生创作

七、教学环境及资源准备

供教师使用的资源:自制 PPT 课件;
供学生使用的资源:课本,印好的拓展阅读资料

八、教学过程

教学过程	教师活动	学生活动	设计意图及资源准备

续表

		①猜测:你能否根据图形的一半猜出它原来的图形是什么? 这些图形有什么特点?②观察一幅不对称的图案。	计算机先展示几幅只显示一半的图形,再根据学生的回答一一打开完整的图形。(学生对头像"对称"的特性非常熟悉,利用已有的生活经验进行判断,初步感知对称。同时,通过活动营造一种活跃的课堂气氛,诱发学生进一步探究新知的热情)在计算机中选出一幅色彩斑斓的蝴蝶图片
"质"对称激趣引入(5分钟)	①出示图形的一半。②师:说说观后感。③师:这只蝴蝶美吗? 美在哪儿?④揭题	③观察蝴蝶图片	
"识"对称感悟特征(10分钟)	①老师这有个红折子,想知道里面是什么吗(老师快速打开,呈现剪好的对称图形——喜)? 你们想自己动手创作一个对称图形吗?②老师:按照我们刚才剪纸的步骤,用自己的话解释:"什么是轴对称图形?"③出示合页实物	①利用这些材料剪一剪、画一画创作一个对称图形(边做边想,怎样能证明创作出的图形是对称图形?)。②互相欣赏,选一个你们认为创作得最好的对称图形展示到黑板上。③反馈汇报(谁创作的、怎样创作、创作小结)。④阅读 100 页的内容	学具盘中有材料:彩纸、点子图、剪刀、彩笔、尺子(通过两种不同剪法的比较,让学生初步感受到这些图形是"两边一样的")(本环节的教学,从学生的认知规律出发,通过让学生自主剪、折、议、想,层层推进,使学生亲历了初步体验—深入探究—发现归纳这一知识形成的过程,发展了学生的动手操作能力和实践概括能力)

续表

"用"对称加深理解（15分钟）	①指导画对称轴。 ②探究常见几何图形的对称轴。 出示要求：拿出课前准备的几何图形，分别将这些图形对折，从中找出轴对称图形；在探究表中轴对称图形的下面画"√"，在不是轴对称图形的下面画"×"。 ③展示作业，交流评价	（1）辨析 ①判断下面图形是不是轴对称图形。 ②举例说说身边的物体上有哪些轴对称图形。 （2）找出并画出轴对称图形的对称轴 ①学生独立操作，教师巡视，适时指导。 ②小组交流。 ③学生汇报，集体评价。 （3）巩固 巩固相关知识。 （4）验证、还原 ①解决导入时的不对称问题。 ②还原不完全图形	下面的图形哪些是轴对称图形？哪些不是轴对称图形？为什么？ 课前准备的几何图形。 画出下面图形的对称轴。 （通过运用所学知识辨析轴对称图形，画对称轴，有利于巩固新知。判断常见平面几何图形的对称性和对称轴的数量，加深学生对这些几何图形的认识。验证的过程又使学生能学以致用，感受有用的数学）

续表

			播放生活中具有轴对称性质的图片。
"赏"对称 畅谈收获 (5分钟)	①老师:轴对称图形在生活中应用非常广泛,请欣赏以下图片。 ②通过这节课的学习,你有什么收获和感受?	①欣赏图片。 ②畅谈收获。	京剧脸谱  民间刺绣  传统剪纸  (通过图片欣赏,让学生进一步感受生活中的对称美和数学在生活中的实际价值。谈收获更能让学生自主整理信息,完善他们的知识系统,提高学生归纳、总结知识的能力)
"做"对称 拓展延伸 (5分钟)	要求:①自由创意。 ②采用的形式可以是剪贴,也可以是画画。 我们将从中评选出优秀作品,举办作品展	①课堂作业:第102页第4题、第6题。 ②课外创作。 让学生以小组(4人为一小组)为单位,在方格纸上创作一份轴对称图形作品	(小组创作能让学生应用所学的知识去创造美,体验美,欣赏美。培养学生的创新意识、实践能力及小组合作精神)

续表

| 教学内容与教师的活动 | 媒体的应用 | 学生的活动 | 教师进行逻辑判断 |

教学流程图

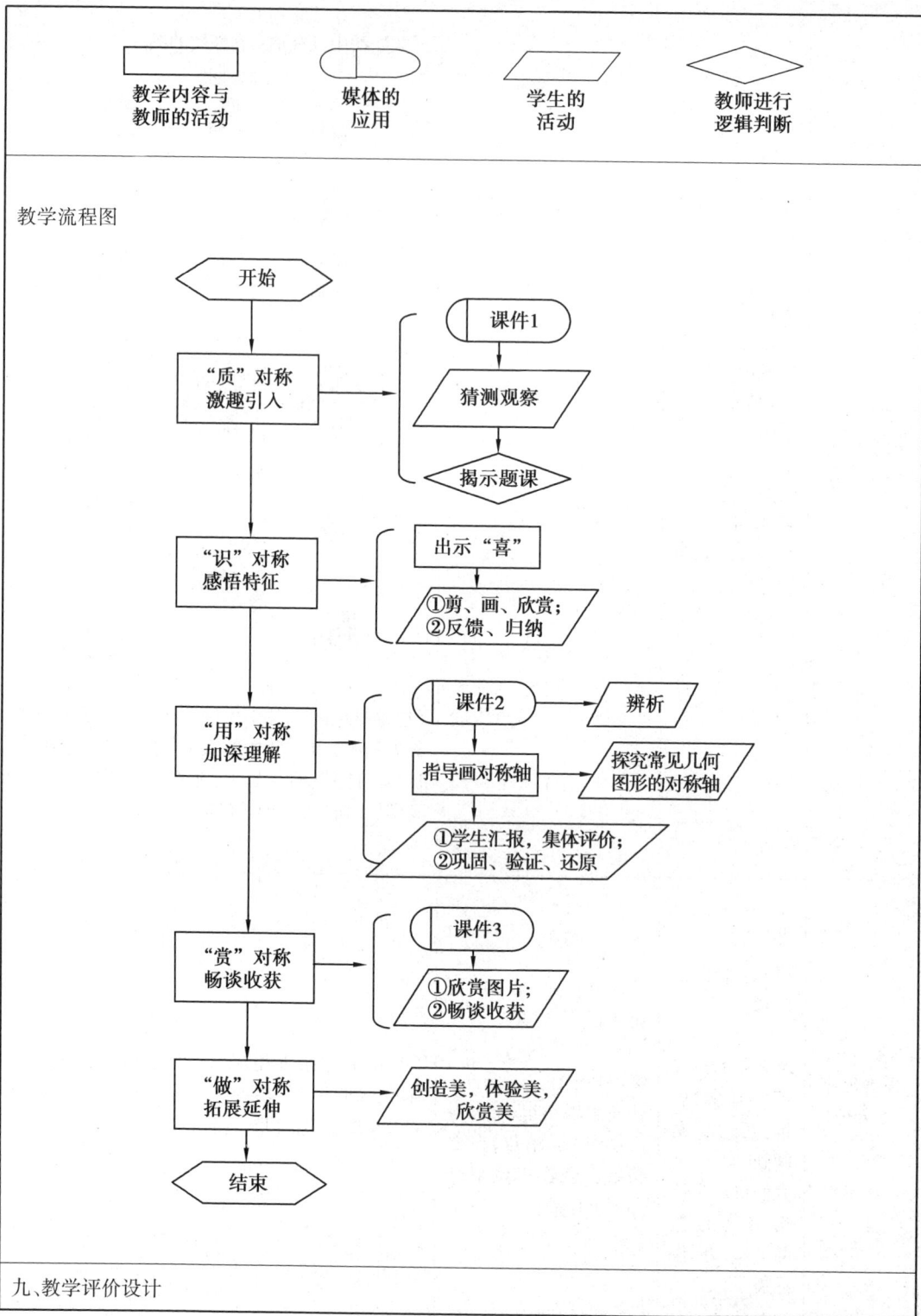

开始

"质"对称 激趣引入 → 课件1 → 猜测观察 → 揭示题课

"识"对称 感悟特征 → 出示"喜" → ①剪、画、欣赏；②反馈、归纳

"用"对称 加深理解 → 课件2 → 辨析
指导画对称轴 → 探究常见几何图形的对称轴
①学生汇报，集体评价；②巩固、验证、还原

"赏"对称 畅谈收获 → 课件3 → ①欣赏图片；②畅谈收获

"做"对称 拓展延伸 → 创造美，体验美，欣赏美

结束

九、教学评价设计

（1）自主探索环节中采用小组学习及实验操作,发表自己的见解,学生自我展示、小组评议、全班反馈。这样可以很好地解决教学的重难点,既提高了教学效率,学生又非常感兴趣。（目标2）

（2）畅谈收获环节中以自评为主、组评与班评为辅。让学生感受对称美,陶冶热爱数学的情感和形成乐于探索的态度,学生体会数学在生活中的实际价值。（目标3）

（3）课后反馈:主要了解学生能否准确判断轴对称图形,能找出对称轴。（目标1）

①你能不能把你今天在"轴对称图形"课堂上的学习方法介绍给老师呢? 这和你平时的学习方法一样吗? 你喜不喜欢这样的学习方式,为什么?

②你知道生活中有哪些现象可以用到今天所学的数学知识呢? 能不能举例说明你打算怎么用这些知识呢?

③今天在多媒体教室上课和平时在普通教室上课有什么不同? 你更喜欢在哪里上课,为什么?

练习题:

"轴对称图形"随堂练习

一、下面的图形哪些是轴对称图形?

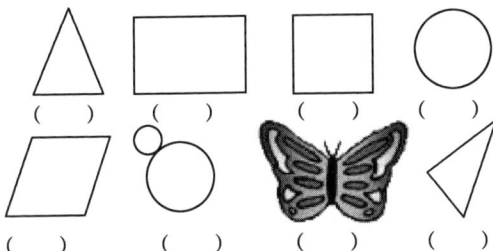

二、画出下面各图形的对称轴,能画几条?

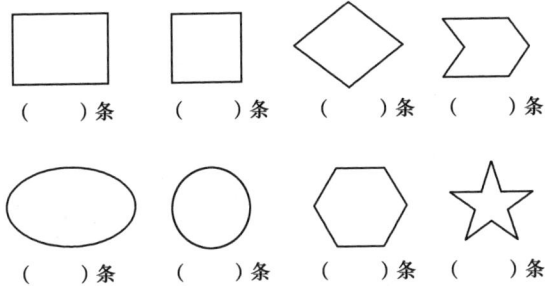

三、你能够把下面的轴对称图形画完整吗?

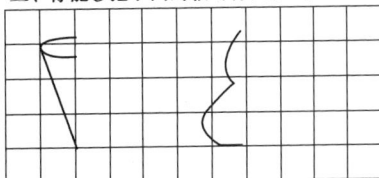

四、判断题（对的打"√",错的打"×"）

1.正方形只可以画出两条对称轴。　　　　（　）

2.圆有无数条对称轴。　　　　　　　　　（　）

3.半圆形只有一条对称轴。　　　　　　　（　）

4.正三角形有三条对称轴。　　　　　　　（　）

十、帮助和总结

教学系统设计主要是以促进学习者的学习为根本目的,运用系统方法,将学习理论与教学理论等的原理转换成对教学目标、教学内容、教学方法和教学策略、教学评价等环节进行具体计划、创设有效的教与学系统的过程或程序。

关于教学设计模式,目前有诸多不同类型的理论,但各类教学设计模式中都包含以下核心要素:(1)分析教学对象;(2)制订教学目标;(3)选用教学方法;(4)实施教学评价。完整的教学设计过程是在这四个基本要素的架构上建立的。

　　教学设计应具备以下特点:(1)教学设计运用的是系统的观点和方法;(2)教学设计是以教学理论为基础的;(3)教学设计强调建立可操作的具体教学目标。(4)教学设计强调对教学对象的了解,正确分析其学习需求;(5)教学设计注重效果评价和反馈环节。

思考与练习

　　1.谈谈你对教学设计概念的理解。

　　2.教学设计的前期分析主要分析什么?

　　3.选择教材中熟悉的一章内容,制订该内容的教学目标。

　　4.论述教学设计的基本过程。

　　5.运用所学的教学设计原理设计一节课。

第 3 章　多媒体技术及应用

3.1　计算机辅助教学概述

计算机辅助教学是指利用多媒体计算机综合处理和控制符号、语言、文字、声音、图形、图像、影像等多种媒体信息,把多媒体的各个要素按教学要求进行有机组合,并通过屏幕或投影机投影显示出来,同时按需要加上声音的配合,以及使用者与计算机之间的人机交互操作,完成教学或训练过程。

多媒体计算机辅助教学系统是一套复杂的计算机应用系统,主要由硬件平台、软件平台和课程软件三部分内容构成。

- 硬件平台:包括多媒体计算机、扫描仪、数码相机、数码摄像机、移动硬盘和 U 盘等设备。
- 软件平台:包括操作系统、语言处理系统、各种工具软件和写作系统。工具软件是指为了帮助和支持 CAI 课件的开发,提高 CAI 课件的质量,完成某种特定功能的专用软件,如文字处理工具、表格处理工具、图形处理工具和动画制作工具等。课件写作系统是一种为了免除教师学习程序设计语言而设计的应用软件。例如:PowerPoint、Authorware 等软件,简便实用。
- 课程软件:指教师或程序设计人员根据教学要求,用计算机语言或课件写作系统编制的教学应用软件。课件反映了教学内容、教学目标、教学策略和教学经验。

计算机辅助教学虽然在形式上是以计算机为教学工具的一种教学形态,与传统的教学形态和以一般的电化教学设备为工具的教学形态并列。但是,计算辅助教学在本质上是一种新的教学技术,它以运行在计算机上的课件来呈现教学内容,以灵活多样的交互手段和方式来控制教学的进程,更好地实现教学的目的,提高教学的效率、质量和水平。

计算机辅助教学具有的优点如下:

1)多重感官刺激

多重感官同时感知的学习效果优于单一感官感知的学习效果。运用多媒体技术,可以充分调动起学习者的视觉、听觉等器官,有助于获得更好的学习效果。

2)信息量大

在多媒体计算机辅助教学中,多媒体计算机系统的声音与图像压缩等技术为在极短时间内传输、存储、提取或呈现大量的文字、语音、图形、图像乃至活动画面信息提供了保证。

3）操作方便、易学易用

多媒体计算机辅助教学的教学系统控制以鼠标、触摸屏、手写笔和传声器为主，以键盘输入为辅，操作提示直观，即使对计算机环境不熟悉的操作者也可以轻松自如地使用。

4）交互性强

多媒体计算机辅助教学系统提供了丰富的图形界面和多种形式的反馈信息，用户比在一般的教学环境中拥有更多的自主操作权和选择权，交互方式灵活、多样、简捷，人机交互性强。

5）利于调动学生的学习积极性

学生在友好的交互学习环境中，注意力更集中。在与计算机的"提问—反馈或操作—反应"等交互活动过程中，学生处于一种积极、主动的精神状态，学习积极性较高，学习效率高，学习效果好。

6）便于实现因材施教

在多媒体计算机辅助教学系统中，可以根据学习内容的需要和特点为其选择适当的表现形式、提供不同的操作控制方式，使因材施教原则的实现具备了更好的环境。

多媒体计算机辅助教学的优势是传统教学模式无法比拟的。多媒体教学不仅是一种教学手段和教学方法，也是一种独特的教学过程，在该过程中可以充分体现现代化的教学思想和教学理论。目前，多媒体教学凭借其独特的优势，在学校教学活动中得到了日益广泛的应用。

3.2 多媒体课件概述

多媒体课件是从 20 世纪 90 年代开始，是多媒体技术的发展与 CAI 相结合的产物。多媒体课件就是把文字、图形、图像、动画、声音和视频等多种媒体按照一定的教学目标和教学方式进行集成和整合的课件。这种多媒体技术所提供的多种文字信息（文字、数字、数据库等）、多种声音信息（语音、音乐、音响效果等）、多种图像信息（图形、图像、动画、视频等）的输入、输出、存储和处理，使表现的教学信息图、文、声、像并茂，更加直观和自然。它在真正意义上优化了课堂教学，提高了课堂教学效率，当前在教育界得到了广泛应用。

3.2.1 多媒体课件的主要类型

为适应不同的使用对象，传递不同的教学信息，达到不同的教学目标，实现不同的教学功能，多媒体课件大致可划分为以下七种类型。

1.教学演示型课件

教学演示型课件利用文字、图形、图像、声音、视频和动画等形式，将所涉及的事物、现象和过程再现于课堂教学之中，或将教学人员的教学过程，按照教学要求逐步地呈现给学习者。

2.个别引导型课件

个别引导型课件按教学目标将知识分为许多相关知识点或多种教学路径,设计分支式的教学流程,根据学习者具体的反馈信息检查其掌握情况,从而决定学习者进入哪条路径学习新内容,或者返回复习旧内容。该类多媒体课件根据学习者的具体进程对其进行引导,从而达到个别化教学的目的。

3.练习测试型课件

练习测试型课件通过大量的练习与测试来达到学习者巩固已学知识和掌握基本技能的目的。它以问题的形式来训练强化学习者某方面的知识和能力,加深对重点和难点知识的理解,提高学习者完成任务的速度和准确度。完整的练习测试型多媒体课件应有试题库、自动组卷、自动改卷及成绩分析等功能。

4.教学模拟型课件

教学模拟型课件利用计算机运算速度快、存储量大、外部设备丰富,以及信息处理的多样性等特点模拟真实过程,表现某些系统的结构和动态行为,使学习者获得感性的印象。常用教学模拟课件有实验模拟、情景模拟,以及模拟训练等形式,如模拟种子发芽和模拟汽车驾驶等。

5.协作学习型课件

此类课件依托计算机网络与通信技术,实现不同地域之间教授者与学习者的实时交流,或者在学习者之间进行小组讨论、小组练习、小组课题等各种协作性学习,达到共同学习的目的。

6.资料工具型课件

此类课件包括各种电子工具书、电子字典及各类图形库、音频库、动画库、视频库等,不提供具体的教学过程,重点是其检索机制,可供学习者在课外进行资料查阅,也可根据教学需要事先选定有关内容,配合教学人员讲解,在课堂上进行辅助教学。

7.教学游戏型课件

此类课件以游戏的形式呈现教学内容,为学习者构建一个富有趣味性和竞争性的学习环境,激发学习兴趣,通过让学习者参与一个有目的的活动,遵守游戏规则以达到某一特定的目标。其把知识性、教育性和趣味性融为一体,并将知识的传授和技能的培养融于各种愉快的情境中。

3.2.2 多媒体课件的基本构成

一个优秀的多媒体课件应充分发挥计算机多媒体的特点,在制作过程中应注重视听教学的特征,突出启发教学,还应注重教学过程的科学性和合理性,应做到构图合理、美观,画面清晰、稳定、色彩分明、色调悦目,动画流畅,真实感强,解说、音乐清晰动听,功能丰富,演播运行安全可靠。

课件的结构一般由两部分组成:一是教学信息单元之间的逻辑关系或先后顺序,它受知识体系的内在关系制约,只有掌握了初级或最基础的内容,才能过渡到更高一层的内容;二是教学控制策略,这是受学习者认知规律所制约的,如先易后难、先简后繁、由浅入深、推理或影响,只有根据教学任务和需求,将知识信息的呈现顺序与学习者的认知规律结合起来,才能组成相对应的课件结构。

从总体上看,多媒体课件很像一本书或一部带有交互性的电影,它是由一页一页的画面组成,在多媒体课件中称为一帧一帧的框面。根据表现的教学内容,这些帧面又分为封面、扉页、菜单、内容、说明(帮助)、封底六个部分。

(1)封面:运行多媒体 CAI 课件时出现的第一幅框面,一般呈现了制作单位的名称或课件的总名称(如普通物理等),常以几秒钟的视频动画形式表现。

(2)扉页:封面后的下一个框面,常呈现课件的名称(如力的三要素),一般由一个框面组成。

(3)菜单:就像一本书的目录,供学习者选择学习内容时使用。其中可以有多处菜单。

(4)内容:这是课件的主要框面部分,呈现教学内容。

(5)说明(帮助):为了帮助使用者使用课件,课件中应该设计一些提供如何使用课件的帮助信息的框面。

(6)封底:制作课件的人员名单框面。

一个完整的多媒体 CAI 课件应该由上述六部分框面组成。

3.2.3　多媒体课件设计与开发过程

多媒体课件的制作不仅需要相应设计理论和相关资源,还需要按科学的顺序和步骤去开发,这样才能为学习者提供良好的学习环境,使学习者通过交互学到特定知识和技能,达到预期的教学目标,开发过程包括以下几个步骤。

1.计划

在计划阶段,应建立相应的标准,根据所要达到的目标,对过程和结果进行评价,并编写相应文字材料,作为内部工作和与用户沟通的依据。

1)确定教学目标和内容

首先要明确课件要达到的目标,明确教学内容的重点、难点;针对传统教学方法不能解决或难以解决的问题,怎样利用计算机辅助教学解决;在知识和技能方面达到什么样的要求;课件在教学中处于什么地位。其次,教学分析还要考虑课件中采用的教学思想和教学方法,怎样充分发挥计算机辅助教学的优点,克服传统教学的不足。

2)分析教学对象

明确所制作的课件适合哪类学习者使用,分析、了解学习者在从事新的学习或进行练习时具备的与学科内容相关的预备知识,其原有的知识水平或心理发展水平对新的学习的适合性。

3)了解运行环境

确定课件所需要的运行环境,包括计算机的硬件环境(计算机硬件配置及对图形、声音设备的要求)、计算机的软件环境(操作系统、支持课件运行的软件)和课件播放环境(课堂演示、个人计算机、计算机网络、多媒体网络教室)。

4)明确课件组成

了解课件的大体结构和主要模块,明确各个主要模块的功能及相互之间的联系。

2.设计

1)课件的教学设计

多媒体课件是根据教学目标设计的计算机程序。与一般的多媒体计算机软件相比,课件的教学设计是整个课件设计的关键环节,它能体现教师的教学设计思想和教学特点,也是如何将教学设计理论与媒体技术结合达到教学目标的具体体现。课件的教学设计主要包括:(1)根据教学目标,划分出教学内容的范围,明确教学内容各个组成部分之间的联系;(2)根据教学内容按教学目标划分成若干个教学单元,每个教学单元中进行一个新概念或一个知识点的学习;(3)根据教学模式的特点确定课件开发采用的具体模式,也可在一个教学单元中同时采用多种教学模式进行有机结合,以适应不同的教学需要。

课件的教学设计思想最终缩写成详细的课件实施方案,以文字脚本的形式体现。

2)软件的系统设计

多媒体课件要达到最佳的教学效果,且具有良好的用户界面及交互性,课件的系统结构设计至关重要。通常考虑以下内容。

(1)开发工具的选择。

根据课件的教学设计要求和课件类型,确定制作课件所需要的工具软件。选择合适的工具软件,会对课件的开发效率和效果起到重要的作用。

(2)封面的设计。

封面是课件与学习者交互的第一个界面。封面的设计要简洁新颖,在学习者打开课件时,就能对它的主要内容有一个初步的感受,通常会选择与内容相关的画面,与标题文字相结合,简洁明了地概括整个课件。同时充分发挥媒体的特性,从艺术的角度设计一个能给学习者留下深刻印象的精美封面。

(3)建立清晰的层次结构。

依据教学目标,通过分析教学内容和活动,生成层次结构图;确定每个层次的内容及应使用的媒体类型或媒体组合。清晰的层次结构可以使学习者方便地找到所需要的信息而不致"迷路"。

(4)确定教学单元的超链接。

超链接可以实现教学信息的灵活获取及教学过程和教学结构的重新组织,有效的设计能很好地培养学生的思维能力。设计时,主要考虑知识单元与知识点之间、知识单元与知识单元之间、知识点与知识点之间的逻辑关系和层次关系以及它们之间的链接关系。

(5)课件脚本设计。

课件脚本设计将要制作的课件的内容和步骤用文字表述出来,这是成功制作出实用、有创意的课件的关键。根据需求选择适当的媒体,并在适当的时间出现,同时还要确定出现的方式。脚本就是这个课件的蓝图,课件设计人员将如实按照脚本来完成整个课件的制作。

课件脚本设计主要是课件每个界面的版面设计、动作设计和相邻界面之间的关系实现。虽然没有固定的格式，但是一个典型的脚本应该包括课件信息、布局信息、提纲信息、动作信息和链接信息等内容。同时，对课件中用到的元素要有具体的格式、质量等说明。

- 课件信息是当前页面在课件中的大环境，要有设计者、设计时间等信息，以便于以后修改脚本、组织脚本、管理脚本。
- 布局信息要展现当前页的人机交互界面。针对不同的应用环境，布局设计应该从需要采用的多媒体元素、版面整体效果、颜色搭配、符号大小、用户使用习惯等诸多方面进行详细描述。
- 提纲信息是对布局信息的补充。
- 动作、交互信息描述页面的动画元素，以及用户使用什么方法来控制使用课件。交互性是多媒体课件的一个重要特性，在脚本的设计时，应体现先出现什么素材，后出现什么素材；哪些素材可以同时显示在屏幕，哪些素材需要先后出现；素材在出现时是否需要提示声音。
- 链接信息说明当前页和其他页之间的关系，以及怎样转到其他页面。链接信息包括了一些交互方法。

设计脚本的目的，是理清教学思路，给多媒体制作人员提供制作依据，最终要在计算机上反映出来。因此，脚本的设计要求尽量详尽，考虑周全，既要体现完整的教学思路，又要有实现的具体方法，还要考虑能否在计算机上实现。脚本的设计要有创意，体现出个人的教学风格，符合学生现有的知识水平，运用多种表现方式，充分调动学生的各种感官，活跃课堂气氛，提高课堂效率。

3.开发

1）素材的准备

素材的准备工作主要包括文本的录入，图形、图像的制作与处理，动画的编制和视频的采集等。素材要根据教学需要和教学内容来准备，要以最佳的效果呈现教学内容，满足学习者学习的需求，不能选择那些不符合教学规律和教学内容的素材。

2）课件的制作

材料准备好后，多媒体制作人员就要按照脚本来组织材料，制作动画，设置交互。制作出的作品，既要实用、符合脚本设计的要求，并且还要易操作，交互性强，同一课件在交互方式、版面布局上要尽量统一。

在这个步骤中，要考虑脚本设计阶段定义的各元素的表现形式、方法。比如，文字的出现方式，是一次性全部显示出来，还是分段落出现，还是像打字一样出现；各元素之间按照什么样的顺序出现；用户怎样使用课件，是自动定时播放，还是单击鼠标播放，还是通过超链接、按钮播放。课件还要求界面友好、美观，给人以美的享受，引起学生的注意，激发学生的学习兴趣，这就要看制作者的创意和美术功底了。

要制作出优秀的作品，也需要选择一个优秀的制作软件，较常用的有微软公司的

PowerPoint、Macromedia 公司(现已被 Adobe 公司收购)的 Authorware、Flash 和武汉凡高公司的课件大师等。这些软件的功能各有千秋,每一款软件只要熟练掌握都能制作出令人意想不到的效果。

4.测试并发布课件

对课件的测试,首先要检查是否符合课件脚本的要求,是否实现了脚本中的全部内容和要求;其次发现课件中的错误,文字、声音、图片能不能正常显示,链接、交互是否正常;最后要在不同配置的机器上调试运行,看课件对环境的适应性。要发现自己的全部错误比较困难,测试应尽量交给用户或专门的测试人员进行。如果时间充足,还可在课堂上试讲来检查教学效果,找出哪些地方还有待完善,最后将意见综合,反馈给课件制作人员。

经过测试,综合各方面的意见,修正课件中的错误,使之更完善。一个优秀课件往往要经过多次评价测试,修改完善。确定无误后,可以生成可执行文件,一方面保证在没有安装该多媒体制作软件的系统上能正常运行,另一方面保护版权,让没有获得许可的人员不能修改,然后交给相关人员运用于教学或交给出版社出版发行。

通过以上的步骤,一个课件就设计、开发成功了。正式投入使用后,用户还会通过多种途径反馈课件的信息,多媒体制作人员还要收集各方面的信息,对课件进行进一步的完善,同时提高自己的课件设计、制作水平。

当然,教育是一门艺术,制作多媒体 CAI 课件既是一门技术,也是一门艺术,没有固定的模式,但有可遵循的规律,还需要人们不断地去探索和总结。

3.2.4　常见的多媒体课件素材

多媒体课件素材的类型一般包括文本、图形图像、音频、视频、动画等,它们是多媒体课件不可缺少的组成部分。正是由于丰富的素材,才使得多媒体课件在辅助教学时能起到意想不到的效果,大大调动了学生学习的积极性,让学生在身心上有更形象生动的体验,更好地开展情境教学、体验教学。

1.文本

文本信息主要指在计算机屏幕上呈现的文字内容,它是准确、有效地传播教学信息的重要媒体元素。在多媒体课件中,概念、定义、原理的阐述,问题的表述,标题、菜单、按钮、导航等都离不开文本信息。

2.图形和图像

图形和图像是制作多媒体课件必不可少的元素,它们都是通过一定的画面来表达教学思想,如背景、人物、界面等。一幅图可以胜过诸多文字,图形和图像是非常形象、生动、直观的信息,学习者易于接受,更易于理解稍显枯燥的概念。

3.音频

音频是记录声音的最直接形式,对记录与播放的环境要求不高,在多媒体教学软件中应用也相当多,音频包括音乐、语音和各种音响效果。音频属于过程性信息,有利于限定和解释画面。此外,在教学中利用音频传递教学信息,是调动学生使用听觉接受知识的必要前提。音频主要用于语言解说、背景音乐和效果音等,发音标准的解说、动听的音乐有利于集中学生的学习注意力、陶冶学生的情操、激发学生的学习潜力。其缺点是数据量比较大,在课堂教学中,音频素材不易获取。

4.动画

动画是对事物运动、变化过程的模拟,可以用来模拟事物的变化过程、说明科学原理。在许多领域中,利用动画来表现事物甚至比视频效果更好。动画提供了静态图形缺少的运动景象,它是一种可感觉到相对于时间、位置、方向和速度运动的动态媒体,它忽略了事物运动变化过程中的次要因素,突出强化了其本质要素,更有利于学习者把握本质规律。此外,经过设计的动画更加生动、有趣,有利于激发学习者的学习兴趣。

5.视频

与动画相比,视频是对现实世界的真实记录。若干有联系的图像数据连续播放便形成了视频。视频容易让人联想到电视,但电视视频是模拟信号,而计算机视频是数字信号,借助计算机对多媒体的控制能力,可以实现视频的播放、暂停、快速播放、反序播放等功能。视频信息量比较大,具有更强的感染力,适宜呈现一些学习者感觉比较陌生的事物。通常情况下,视频采用声像复合格式,即在呈现事物图像的时候,同时伴有解说或背景音乐。

3.2.5 多媒体 CAI 课件制作工具

目前,用于制作多媒体课件的软件很多,并且在功能上各有特色,因此用户应根据自己的实际情况选择合适的软件。现在,常用的多媒体课件制作软件有 Microsoft Office PowerPoint、Macromedia Flash、Macromedia Authorware、Dreamweaver 和几何画板等。

1.Microsoft Office PowerPoint

PowerPoint 是美国微软公司办公自动化软件 Office 家族中的一员,是专门用来制作演示文稿的工具软件。它主要用于学术交流、产品展示、工作汇报、情况介绍等场合的幻灯片制作和演示,可以通过计算机播放文字、图形、图像、声音等多媒体信息。它更是教师讲课的首选课件制作工具。如图 3.1 所示为 PowerPoint 2010 的工作界面。

2.Macromedia Flash

Flash 是美国 Macromedia 公司出品的一款矢量图形编辑和动画创作的专业软件,它是一种交互式动画设计工具,用它可以将音乐、声效、动画以及富有新意的界面融合在一起,制作出高品质的动态效果。使用 Flash 制作的课件不仅可以单独播放使用,更可以在网页中播放,是使用最广泛的多媒体课件制作软件之一。如图 3.2 所示为 Flash CS5 的工作界面。

图 3.1　PowerPoint 2010 的工作界面

图 3.2　Flash CS5 的工作界面

3.Macromedia Authorware

Authorware 是 Macromedia 公司推出的多媒体开发工具,该软件的应用范围涉及教育、娱乐、科学等各个领域。其一直是众多多媒体开发工具中的佼佼者。使用 Authorware 制作课件非常直观、明了,使用者无须掌握高深的编程技巧,就能制作出包含文字、声音、图像、动画等多种元素在内的、界面华丽、交互性强、控制灵活的教学课件。如图 3.3 所示为 Authorware 的工作界面。

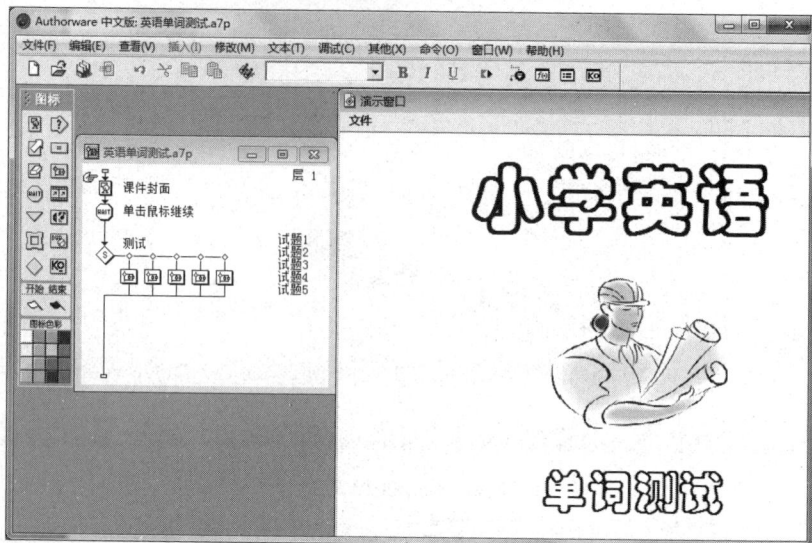

图 3.3　Authorware 的工作界面

4．Dreamweaver

Dreamweaver 也是美国 Macromedia 公司开发的、集网页制作和管理网站于一身的、所见即所得的网页编辑器。Dreamweaver 特别适合制作具有导航功能的网页式演示型课件,Dreamweaver 除了具有制作网页式课件的功能外,还能把 PowerPoint、Authorware 和 Flash 等制作的课件集成在一起,但 Dreamweaver 课件只能在浏览器中运行。如图 3.4 所示为 Dreamweaver CS5 的工作界面。

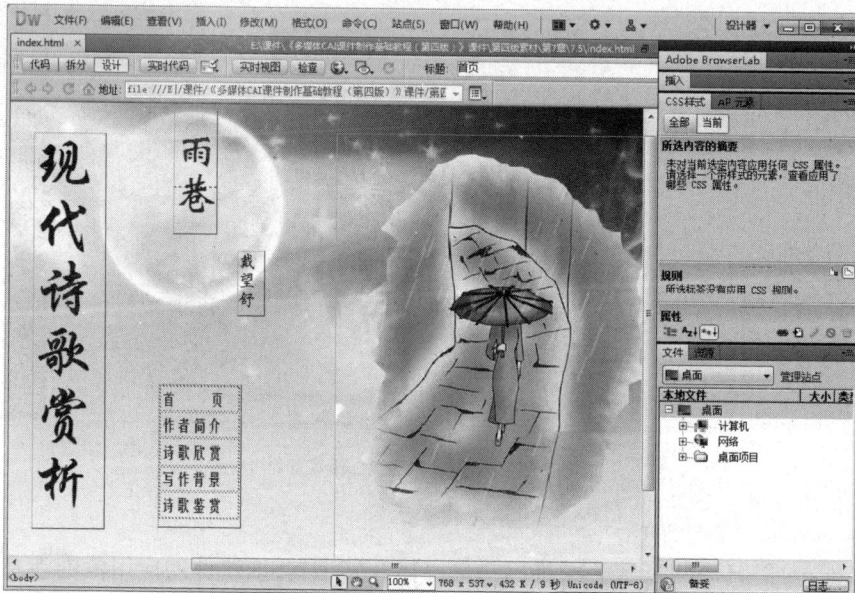

图 3.4　Dreamweaver CS5 的工作界面

5.几何画板

几何面板是美国 Key Curriculum Press 公司的产品,是一个通用的数学、物理教学课件制作软件。它主要以点、线、圆为基本元素,通过对这些基本元素的变换、构造、测算、计算、动画设计、跟踪轨迹等,构造出其他较为复杂的图形,是数学、物理教学中强有力的多媒体课件制作工具。如图 3.5 所示为几何画板的工作界面。

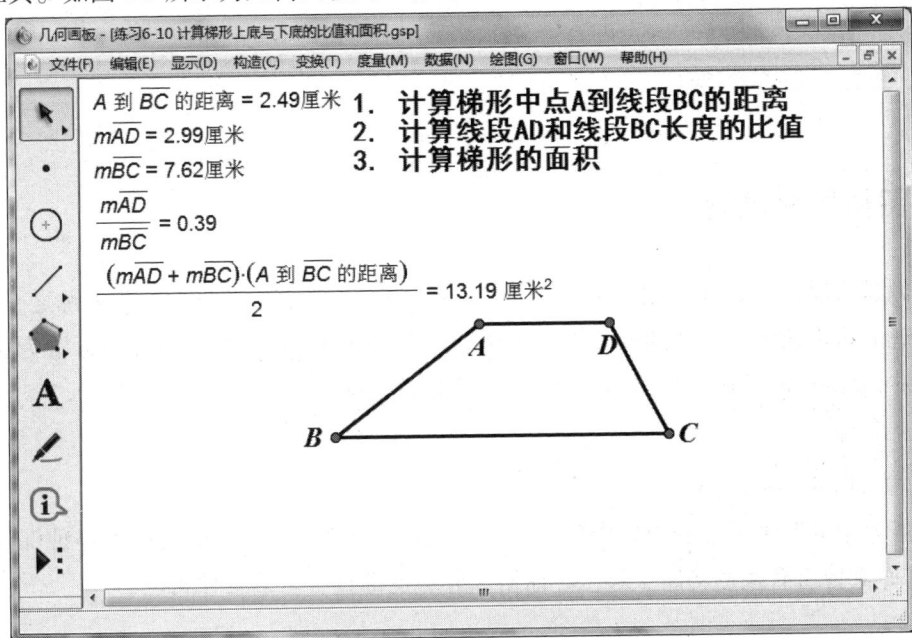

图 3.5　几何画板的工作界面

思考与练习

1.什么是计算机辅助教学? 它有哪些优点?

2.什么是多媒体课件? 多媒体课件的主要类型有哪些?

3.多媒体课件中常用的媒体元素有哪些?

4.多媒体课件由哪些部分组成? 各自的功能是什么?

5.多媒体课件制作流程分为哪几个阶段? 分别对每个阶段进行简单阐述。

第 4 章 平面媒材的获取与加工

4.1 图像素材概述

图像是多媒体 CAI 课件制作中最常用的素材,也是人类获取信息的重要来源之一,它是一种直观的教学媒体。添加到课件中的图像有多种不同的用途,有的图像可设置为课件的背景图片,有的可直接用于教学,有的则用来点缀课件画面等。

4.1.1 颜色的基本属性

自然界中的颜色可以分为非彩色和彩色两大类。非彩色指黑色、白色和各种深浅不一的灰色,而其他所有颜色均属于彩色。任何一种彩色都具有以下三种属性。

1.色相

色相是色彩的相貌,即色彩的种类和名称。例如:红、橙、黄、绿、蓝和紫每个字代表一个具体的色相。

需要注意的是:色相是由波长决定的,比如粉红色、暗红色和灰红色是同一色相(红色色相),只是彼此明度和纯度不同而已。

2.明度

明度也称亮度,指色彩的明暗程度,体现颜色的深浅。明度是全部色彩都具有的属性,最适合表现物体的立体感和空间感。

3.饱和度

饱和度也称纯度,指颜色的纯洁程度,也可以说是指色相感觉鲜艳或灰暗的程度。

4.1.2 色彩模式

为了在 Photoshop 中成功地选择和使用颜色,必须首先懂得色彩模式,因为色彩模式决定显示和打印电子图像的色彩模型,即一幅电子图像用什么样的方式在计算机中显示或打印输出。

常见的色彩模式包括位图模式、灰度模式、双色调模式、HSB(表示色相、饱和度、亮度)模式、RGB(表示红、绿、蓝)颜色模式、CMYK(表示青、洋红、黄、黑)颜色模式、Lab 颜色模式、索引颜色模式、多通道模式以及 8 位/16 位模式,每种模式的图像描述和重现色彩的原理及所能显示的颜色数量是不同的。

1.RGB 颜色模式

RGB 颜色模式是 Photoshop 中最常见的一种颜色模式。无论是扫描输入的图像,还是绘制的图像,几乎都是以 RGB 颜色模式存储的。在 RGB 颜色模式下,能够使用 Photoshop 中所有的命令和滤镜。

2.CMYK 颜色模式

CMYK 颜色模式是一种印刷模式,其四个字母分别指青(Cyan)、洋红(Magenta)、黄(Yellow)、黑(Black),在印刷中代表四种颜色的油墨。

在处理图像时,一般不采用 CMYK 颜色模式,因为这种模式的文件大,会占用更多的磁盘空间和内存。

3.位图模式

位图模式用两种颜色(黑和白)来表示图像中的像素,也称黑白图像。在宽度、高度和分辨率相同的情况下,位图模式的图像尺寸最小,约为灰度模式的 1/7 和 RGB 模式的 1/22 以下。

4.灰度模式

灰度模式可以使用多达 256 级灰度来表示图像,使图像的过渡更平滑细腻。

5.索引颜色模式

索引颜色模式在印刷中很少使用,但在制作多媒体或网页上却十分实用。因为这种模式的图像比 RGB 颜色模式的图像小得多,大概只有 RGB 颜色模式的 1/3,所以可以大大减少图像下载的时间。

4.1.3　数字图像的概念

数字图像就是以二进制数字组的形式表示的二维图像。利用计算机图形图像技术以数字的方式来记录、处理和保存图像信息。通常把计算机图形主要分为两大类:位图图像和矢量图形。

1.位图图像

位图图像(在技术上称作栅格图像)使用图片元素的矩形网格(像素)表现图像。每个像素都分配有特定的位置和颜色值。

位图图像的主要特点如下:

(1)位图图像有时需要占用大量的存储空间。对于高分辨率的彩色图像,由于像素之间独立,所以其占用的空间比矢量图形大。

(2)位图放大到一定倍数后会产生锯齿。

(3)位图图像在表现色彩、色调方面的效果比矢量图更加优越,尤其在表现图像的阴影和色彩的细微变化方面效果更佳。

(4)位图的格式有 BMP、JPG、GIF、PSD、TIF、PNG 等。

2.矢量图形

矢量图像(有时称作矢量形状或矢量对象)是由称作矢量的数学对象定义的直线和曲线构成的。

矢量图形的主要特点如下:

(1)矢量图形可以任意放大和缩小,图形不会变模糊,不会丢失细节或影响清晰度,不会产生锯齿效果,常用于标志设计、VI 设计、字体设计等。

(2)矢量图形文件所占的存储空间相对较小。

(3)可用于高分辨率印刷。矢量图可以作为图像元素导入 Photoshop 里使用。

4.1.4 像素与分辨率

1.像素

像素是用来计算数字图像的一种单位。可以把像素看成是一个极小的方形的颜色块。人们经常用点来表示像素,单位面积内的像素越多,分辨率越高,图像的效果就越好。

2.分辨率

分辨率是度量位图图像数据量多少的一个参数,通常表示为像素/英寸。简单地说,分辨率是指数字图像中单位平方英寸内像素数量的多少。

图像分辨率和图像大小之间有着密切的关系。图像分辨率越高,像素就越多,图像包含的数据也越多,因而文件的体量就越大。

4.1.5 图像的格式

图像数据可以压缩,也可以不压缩。如果压缩,还可以采用不同的压缩算法。技术上的一些区别,形成了不同的图像文件格式。

BMP 格式:Windows 通用的图像格式,无压缩,数据量较大。

JPG 格式:一种压缩格式,数据量小。采用该格式的图像,适于背景素材,不适于前景素材。

TIF 格式:一种压缩格式,但压缩比没有 JPG 大,适于作为前景素材。

GIF 格式:一种压缩的 256 色图像格式。GIF 图像和 GIF 动画的特点是数据量小,适于网络传输。

PSD 格式:图像软件 Photoshop 的专用图像格式,文件容量很大。可保存图像处理过程中的各种编辑信息,如图层、通道和路径等。

4.2 使用 Photoshop 绘制图形

通过下载、截取、拍摄、扫描等途径采集的图像,通常还需要进行一定的处理加工,如调整图像大小、格式、色彩,矫正歪斜,修复图像,添加素描效果和渲染效果等,才能在多媒体CAI课件中应用。使用 Photoshop 等软件可以轻松完成此类任务。

4.2.1　认识 Photoshop 界面及基本工具

1.认识 Photoshop 界面

启动 Photoshop 后可以看到非常清爽的操作界面,打开任意一个图像文件后,中文版Photoshop 默认的操作界面如图 4.1 所示。

图 4.1　中文版 Photoshop 的操作界面

应用程序栏:放置了一些常用的应用程序按钮和预设工作区。单击右边的控制按钮,可以实现程序窗口的最大化、最小化、还原、关闭等操作。

菜单栏:Photoshop 共有 11 组菜单,这些菜单包含了 Photoshop 的大部分操作命令。

工具选项栏:用于设置工具箱中各个工具的参数,会随着选择的工具不同而发生相应的变化。大部分工具的功能选项显示在工具选项栏内。

工具箱:包含了各种常用的工具,用于绘图和执行相关的图像操作。

文档窗口:即图像显示的区域,用于编辑和修改图像。

面板组:Photoshop 面板组包含了各种可以折叠、移动和任意组合的功能面板,可帮助用户完成监视和修改工作。

状态栏:用于显示文档大小、文档尺寸、工作时间以及当前使用的工具等信息。

Photoshop 的工具箱中共有数十类(上百个)工具可供选择,包括选择工具、绘图工具、颜色设置工具、3D 工具以及显示控制工具等。通过使用这些工具,可以完成绘制、编辑、观察和测量等操作。在工具箱中某些工具的右下角有小黑三角形符号,这表示存在一个工具组,其中包含了若干隐含工具。单击该工具并按住鼠标不放或单击鼠标右键,会显示出该工具组中的所有工具,如图 4.2 所示。

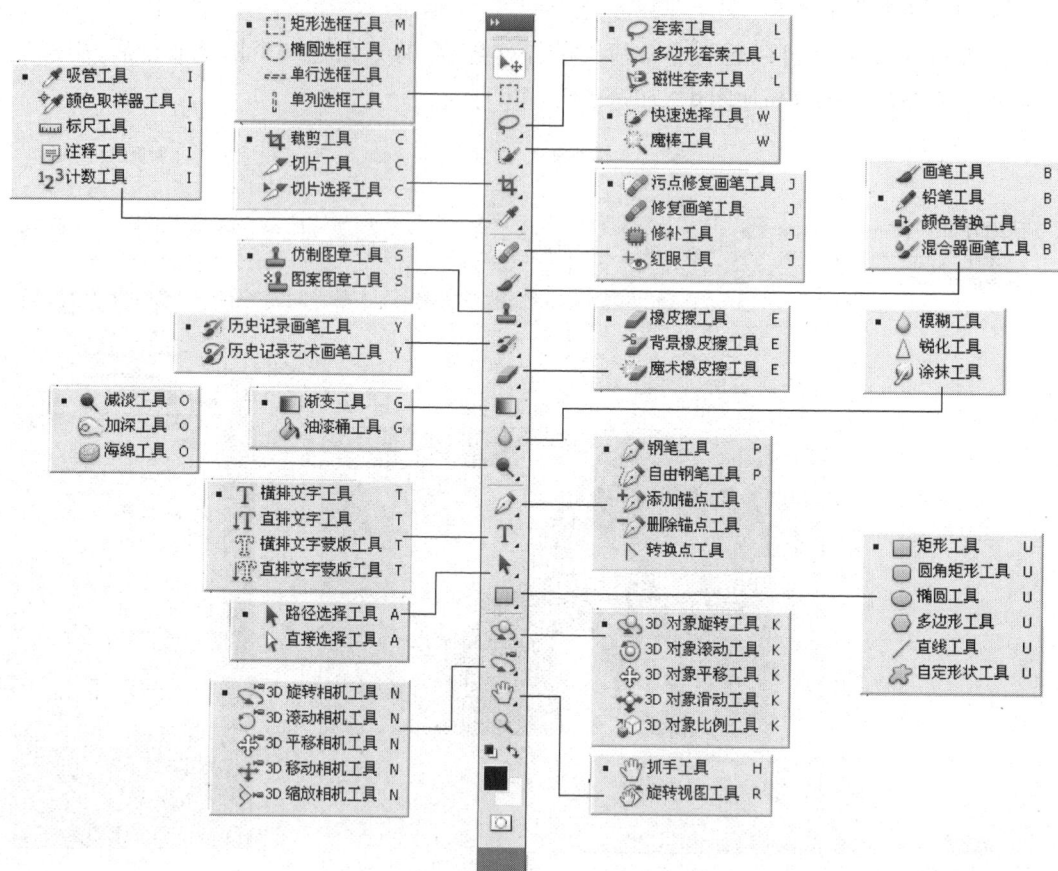

图 4.2　Photoshop 工具箱

2.选区的创建、编辑与基本应用

选区是 Photoshop 中一个十分重要的概念,许多操作都是基于选区进行的。简单说,选区表示的是各种命令的操作区域,通过创建选区,约束操作发生的有效区域,从而使每一项操作都有针对性地进行。因此,选区的优劣、准确与否,都与图像编辑的成败有着密切的关系。

1)规则选区工具及选项栏

使用选框工具可以创建比较规则的选区。选框工具组包括"矩形选框工具""椭圆选框工具""单行选框工具"和"单列选框工具",如图 4.3 所示。

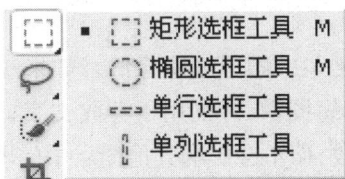

图 4.3　选框工具组

其工具选项栏中 表示建立选区的方式,分别是"新选区""添加到选区""从选区减去"和"与选区交叉"。"羽化"选项用于设定选择范围的边缘柔和效果,其值为 0~255。

"消除锯齿"选项可防止锯齿产生,使边缘更加平滑。

提示:在使用选框工具建立选区时,按住"Shift"键,可以创建正方形或圆形的选区;按住"Alt"键可以使用中心方式建立选区;按住快捷键"Shift+Alt",可以使用中心方式建立正方形或圆形的选区。

2)不规则选区工具及选项栏

使用选框工具组中的工具远远不能满足工作的需要,这时就需要使用"套索工具"和"魔棒工具"来创建不规则选区,如图 4.4 所示。

图 4.4　不规则选区创建工具

其工具选项栏中的"频率"用于设置建立选区时的节点数目。"容差"用于设置选择的精度,指颜色之间的差别,取值范围为 0~255,数值越大选择的颜色范围越大。

3.选区的基本操作

● 全选:执行"选择"→"全选"命令或按快捷键"Ctrl+A"即可选择整个图像。

● 反选:执行"选择"→"反选"命令或按快捷键"Shift+Ctrl+I"。

● 取消选择与重新选择:执行"选择"→"取消选择"命令或按快捷键"Ctrl+D"即可取消选区。执行"选择"→"重新选择"命令或按快捷键"Shift+Ctrl+D"即可重新载入最后一次所放弃的选区。

● 移动选区:建立选区后,可以使用任何创建选区的工具来移动选区,具体方法为:将鼠标移到选区内,拖动鼠标即可。如果按住"Ctrl"键拖动则可以移动选区内的图像。

● 修改选区:建立了选区后,执行"选择"→"修改"子菜单中的命令对选区范围进行放大、缩小等操作。

4.2.2　Photoshop 中的图层

图层处理功能是 Photoshop 软件的最大特色,通过对图层的基本操作、图层的编组、图层蒙版和图层样式的使用,可以更方便、更轻松、更有效地处理与编辑图像,创造出一幅幅令人赞叹不已的精美图像。

图层就是用来分层管理较复杂的图形或图像的。如果一幅图像中既包含文字,又包含人物和背景,就可以分三层来组织图像,分别用于存放文字、人物和背景。每个图层中的内容都可以进行独立的编辑和修改,而不会影响其他图层中的图像。

在 Photoshop 中对图层的各种操作都是通过"图层"面板来实现的,因此掌握"图层"面板的使用尤其重要。

1.认识"图层"面板

执行"窗口"→"图层"命令或按"F7"键,即可打开"图层"面板,如图 4.5 所示。

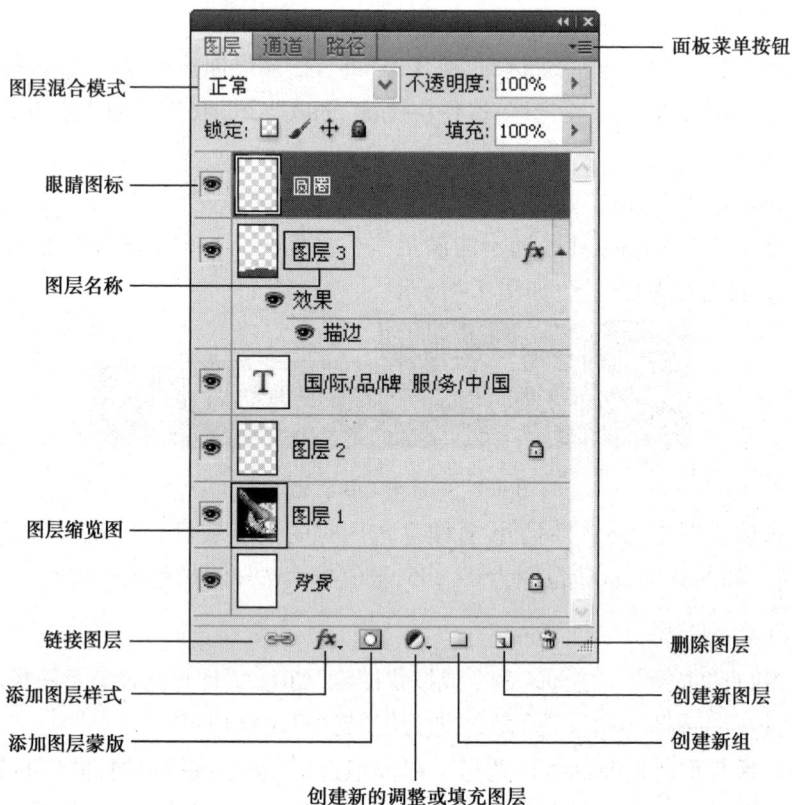

图 4.5 "图层"面板

2.选择图层

在对图层进行操作前,必须选择图层。只有选择了正确的图层,所有基于此图层的操作才有意义。下面将详细介绍 Photoshop 中各种选择图层的方法。

1)选择单个图层

要选择单个图层,只需在"图层"面板上单击需要的图层即可,如图 4.6 所示。处于选中状态的图层即为当前活动图层,以蓝底显示。

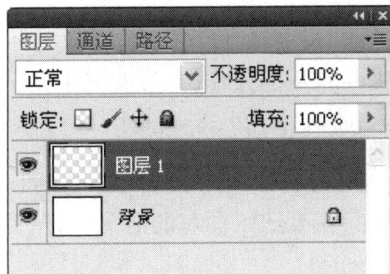

图 4.6　选择单个图层

2）选择多个图层

要选择多个连续的图层，则可在"图层"面板中选择一个图层，然后按住"Shift"键单击另一个图层，则两个图层之间的所有图层都会被选中。

要选择多个不连续的图层，则可按住"Ctrl"键在"图层"面板中依次单击这些图层。

3）选择所有图层

要选择所有图层，可以执行"选择"→"所有图层"命令或按快捷键"Alt+Ctrl+A"。

3.重命名图层

改变图层的默认名称，可以双击图层缩略图右侧的图层名称，此时该名称变为可输入状态，如图 4.7 所示，输入新的图层名称后，单击图层缩略图或按"Enter"键确认即可。

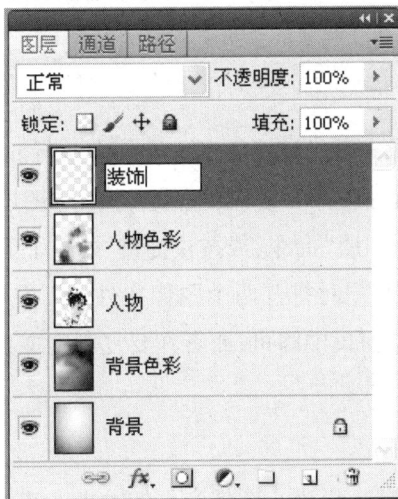

图 4.7　可输入状态

4.图层的锁定与解锁

为避免图层上已处理好的内容遭到意外更改，可以锁定该图层，在需要时再解锁该图层。

在"图层"面板的"锁定"选项组中有四个按钮 ，它们的功能分别是"锁定透明像素""锁定图像像素""锁定位置""锁定全部"。

5.新建图层

新建图层是 Photoshop 中极为常用的操作,一般有如下几种方法。

- 通过菜单命令创建图层:执行"图层"→"新建"→"图层"命令。
- 用按钮创建图层:单击"图层"面板底部的"创建新图层"按钮即可。
- 通过复制和剪切创建图层:在有选区存在的情况下,执行"图层"→"新建"→"通过拷贝的图层"或"通过剪切的图层"命令。
- 由背景图层创建新图层:双击背景图层或执行"图层"→"新建"→"背景图层"命令,打开"新建图层"对话框,如图 4.8 所示。单击"确定"按钮即可将背景图层转换为普通图层,默认为"图层 0"。

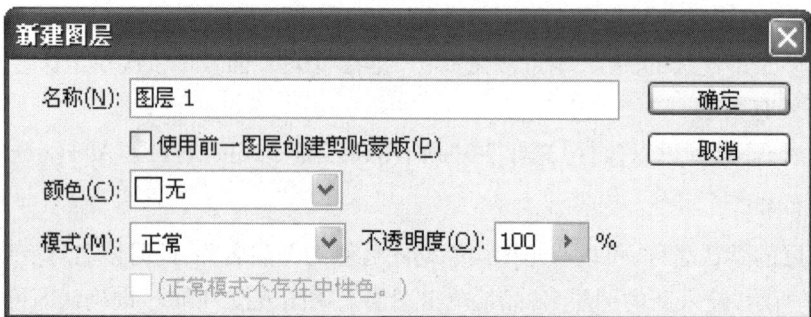

图 4.8 "新建图层"对话框

6.复制图层

复制图层可以在同一图像文件中或不同图像文件中进行。

- 在同一图像文件中复制:选择要复制的图层,执行"图层"→"复制图层"命令,或在"图层"面板菜单中执行"复制图层"命令,或按快捷键"Ctrl+J"可以直接复制当前图层。
- 在不同图像文件中复制:同时打开两个图像文件,使用"移动工具"将"图层"面板中要复制的图层拖曳至另一文档窗口中即可;或者在要复制的文档窗口中按住鼠标左键,将其拖曳到另一个文档窗口中。

7.删除图层

一些没有用的图层可以删除,以减小图像文件的大小。选中要删除的一个或多个图层,单击"图层"面板底部的"删除图层"按钮或将其拖曳至"删除图层"按钮上即可。

8.排列图层

当图像中有多个图层时,上面的图层要覆盖下面的图层,有时需要重新排列图层,用鼠标拖动图层面板中的图层栏到所需要的图层栏之前即可。也可以按键盘上的快捷键"Ctrl+［"使图层下移一层;按快捷键"Ctrl+］"使图层上移一层。

9.合并图层

对一些不必要分开的图层可以将它们合并以减少文件所占用的磁盘空间,同时也可提高操作速度。

• 合并任意多个图层:选择要合并的图层,执行"图层"→"合并图层"命令。按快捷键
"Ctrl+E",也可合并选中的多个图层。

• 合并所有图层:执行"图层"→"拼合图像"命令。

10.图层样式的使用

图层样式是 Photoshop 中一个集成式的功能,通过它可以轻松实现"投影""外发光""斜
面和浮雕"等多种效果,而将这些效果进行组合可以得到千变万化的效果。

为图层添加图层样式是通过"图层样式"对话框来完成的。选择要添加图层样式的图
层,执行"图层"→"图层样式"命令,或单击"图层"面板底部的"添加图层样式"按钮,则弹
出"图层样式"对话框,如图 4.9 所示。

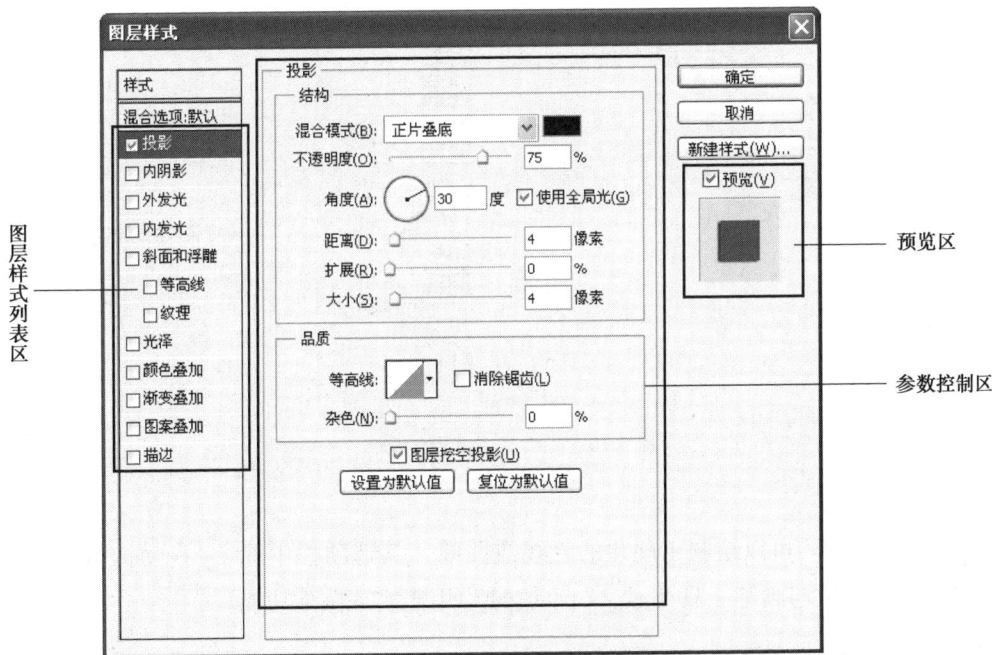

图 4.9 "图层样式"对话框

4.2.3 图形的绘制

Photoshop 提供的绘图工具有"画笔工具""铅笔工具""混合画笔工具""油漆桶工具"和
"渐变工具"等。

1.画笔工具

使用"画笔工具"不仅可以绘制边缘柔和的线条,还可以选择多种不同的画笔样式。使
用画笔工具绘制图像的方法如下:

设置适当的前景色,然后选择工具箱中的"画笔工具",在工具选项栏(见图 4.10)中
设置好相关参数,在文档窗口中单击或拖曳鼠标进行绘制,在鼠标经过处会以前景色着

色。若要绘制直线,可在图像中单击确定起点,然后按住"Shift"键移动鼠标再单击确定终点。

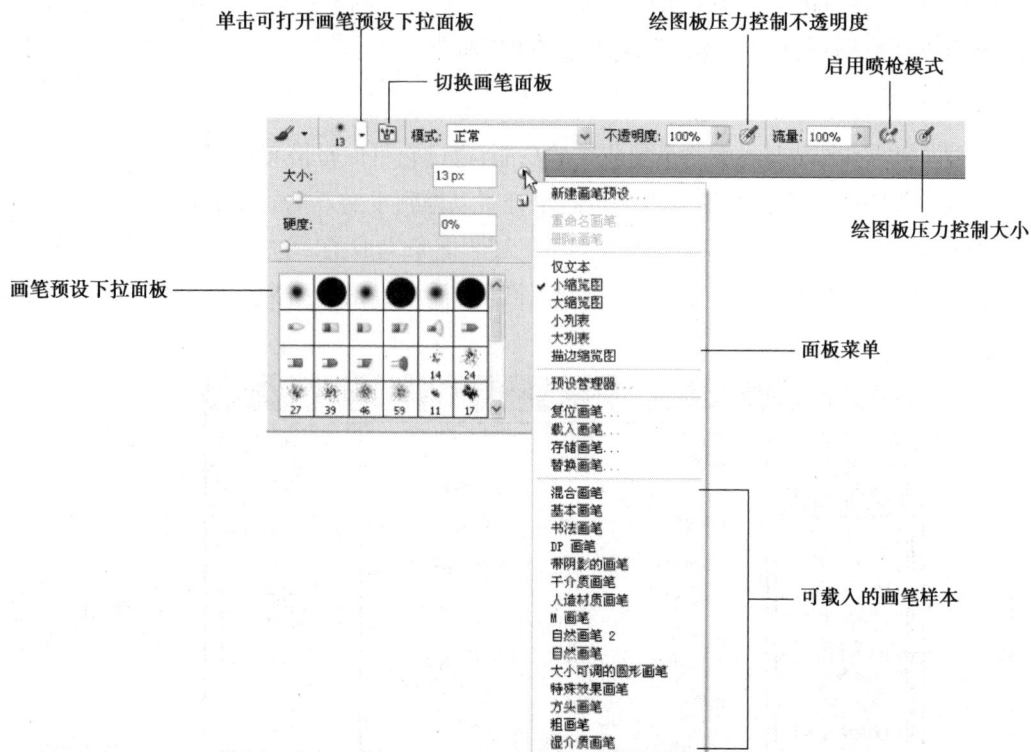

图 4.10 "画笔工具"选项栏

2.铅笔工具

使用"铅笔工具"可以绘制出硬边的直线或曲线。其选项栏中除了"自动抹掉"复选框外,其余各选项参数与画笔工具类似。"自动抹掉"用于实现擦除功能。

3.橡皮擦工具

橡皮擦工具分为橡皮擦工具、背景橡皮擦工具、魔术橡皮擦工具三种。

• 橡皮擦工具:主要用来擦除当前图像中的颜色。

• 背景橡皮擦工具:与"橡皮擦工具"相比,使用它可以将图像擦除到透明色。

• 魔术橡皮擦工具:"魔棒工具"与"背景橡皮擦工具"的综合,是一种根据像素颜色来擦除图像的工具。

4.渐变工具

使用"渐变工具"可以创建多种颜色间的混合过渡效果,实质上就是在图像中或图像的某一区域填入一种具有多种颜色过渡的混合色。在工具箱中选择"渐变工具",其选项栏如图 4.11 所示。

单击可打开渐变预设下拉面板　　　　　渐变类型　　　　　可用较小的带宽创建较平滑的混合

模式：正常　不透明度：100%　□反向　☑仿色　☑透明区域

可反转渐变填充中的颜色顺序

可保留渐变颜色中的透明区域

渐变样本

渐变预设下拉面板

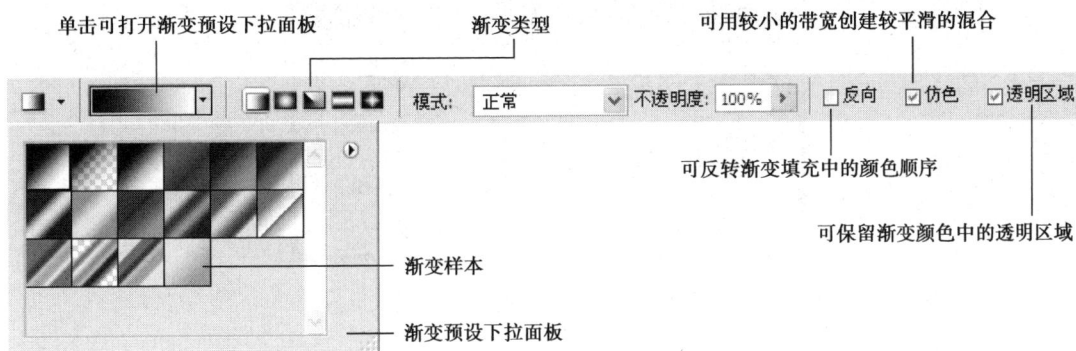

图 4.11 "渐变工具"选项栏

提示：在拖动渐变工具的过程中，拖动的距离越长则渐变过渡越柔和，反之，则过渡越急促。如果按住"Shift"键拖动，则可以在水平、垂直或45°方向应用渐变。

5.油漆桶工具

"油漆桶工具"主要用于对色彩相近的颜色区域填充前景色或图案。其工具选项栏如图4.12 所示。

前景　模式：正常　不透明度：100%　容差：32　☑消除锯齿　☑连续的　□所有图层

图 4.12 "油漆桶工具"选项栏

4.3 使用 Photoshop 加工图像

有时采集的图像不能满足课件制作的要求，Phtoshop 提供了调整图像色彩和修图的工具，每种工具都有其独到之处。

4.3.1 图像的色彩调整

有时采集的图像和使用数码相机拍摄的图像会呈现曝光过渡、曝光不足或色彩不均衡的现象，以致图像看上去太亮、太暗淡或者不清晰。Phtoshop 提供了许多调整图像色彩的工具，通过该软件的处理，可以满足课件制作的要求。用户可以通过阴影和高光来调整曝光过渡或曝光不足的图像，也可以通过亮度、对比度、色彩平衡等其他工具调整图像色彩。

1."亮度/对比度"命令

"亮度/对比度"命令是一个非常简单易用的命令，使用它可以方便快捷地调整图像的明暗度。执行"图像"→"调整"→"亮度/对比度"命令，打开"亮度/对比度"对话框，如图4.13 所示。

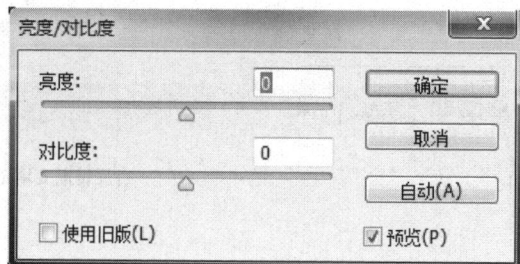

图 4.13 "亮度/对比度"对话框

2."色阶"命令

"色阶"命令用于调整图像阴影、中间调和高光的强度级别,从而校正图像的色调范围和色彩平衡。用此命令调整图像时,可以对整个图像进行操作,也可以对图像的某一选取范围、某一图层以及某一颜色通道进行操作。执行"图像"→"调整"→"色阶"命令或按快捷键"Ctrl+L",打开"色阶"对话框,如图 4.14 所示。

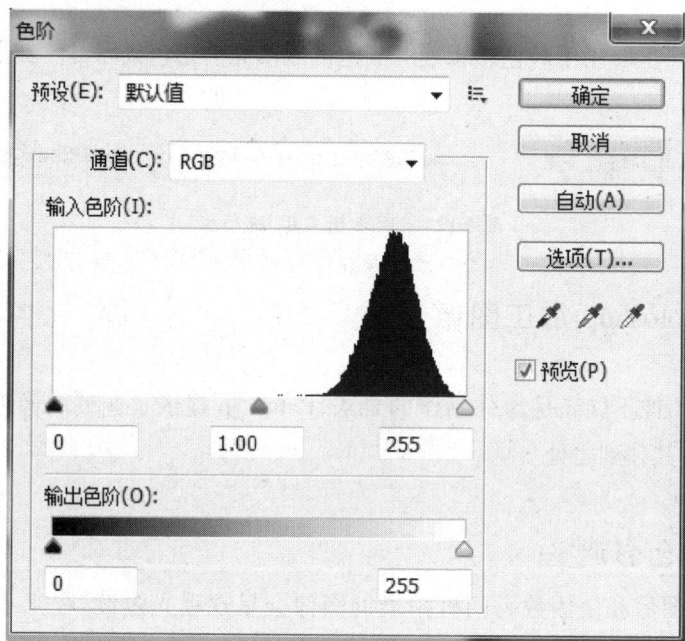

图 4.14 "色阶"对话框

3."色相/饱和度"命令

"色相/饱和度"命令可以调整整个图像或图像中单个颜色成分的色相、饱和度和明度。此命令尤其适用于微调 CMYK 图像中的颜色,以使它们处于输出设备的色域内。

执行"图像"→"调整"→"色相/饱和度"命令或按快捷键"Ctrl+U",打开"色相/饱和度"对话框,如图 4.15 所示。

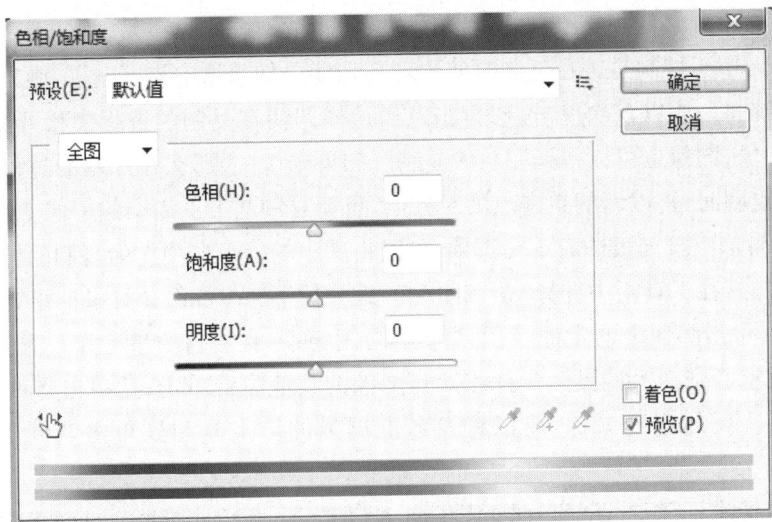

图 4.15 "色相/饱和度"对话框

4."反相"命令

"反相"命令可以反转图像中的颜色。对于黑白图像而言,使用此命令可以将其转换为底片效果。对于彩色图像而言,使用此命令则可将图像中的各部分颜色转换为补色。

5."黑白"命令

"黑白"命令可以将图像处理成为灰度图像效果,也可以选择一种颜色,将图像处理成为单一色彩的图像。

6."色彩平衡"命令

"色彩平衡"命令用于更改图像的总体混合颜色,纠正图像中出现的偏色。使用此命令必须确定在"通道"面板中选择了复合通道,因为只有在复合通道下此命令才可用。

4.3.2 图像的修复

我们经常会遇到照片有瑕疵需要修复,图片效果不理想需要后期处理,需要将他人做的海报修改为适合自己需求的海报,那么掌握 Photoshop 的图像修复与修饰技法则是不言而喻的。

1.仿制图章工具

"仿制图章工具"在修补或复制图像时经常用到,也常用于合成特技效果。其功能是以指定的像素点为复制基准点,将该基准点周围的图像复制到任何地方。

"仿制图章工具"选项栏如图 4.16 所示。

图 4.16 "仿制图章工具"选项栏

- "画笔预设"下拉面板:用于设置修复画笔的大小、硬度、间距等属性。
- "切换仿制源面板"按钮:单击该按钮可打开"仿制源"面板。

- "模式":设置修复画笔绘制的像素和原来像素的混合模式。
- "对齐":用于控制是否在复制时使用对齐功能。如果选中该复选框,则当定位复制基准点之后,系统将一直以首次单击点为对齐点,这样即使在复制的过程中松开鼠标,分几次复制全部的图像,图像也可以得到完整的复制。如果未选中,那么在复制的过程中松开鼠标后,继续进行复制时,将以新的单击点为对齐点,重新复制基准点周围的图像。
- "样本":该下拉列表中有 3 个选项,可以将其中的一个选项作为复制的样本。

其使用方法:在工具箱中选择"仿制图章工具",按下"Alt"键,此时鼠标指针变成中心带有"+"的圆圈,单击图像中选定的位置,即在原图中确定要复制的参考点。选定参考点后,鼠标指针变成空心圆圈。将鼠标指针移动到图像的其他位置单击,此单击点就对应了前面定义的参考点。反复拖曳鼠标,可以将参考点周围的图像复制到单击点周围,如图 4.17 所示。

原图　　　　　　　　　　　　　　　效果图

图 4.17　原图与使用"仿制图章工具"后的效果图

2.图案图章工具

"图案图章工具"是以预定义的图案为复制对象进行复制,可以将定义的图案复制到图像中。其工具选项栏如图 4.18 所示。

图 4.18　"图案图章工具"选项栏

- :在此下拉列表中选择进行复制的图案,可以是系统预设的图案,也可以是自己定义的图案。
- "对齐":用于控制是否在复制时使用对齐功能。如果选中,即使在复制过程中松开鼠标,分几次进行复制,复制的图像也会排列整齐,不会覆盖原来的图像。如未选中,那么在复制的过程中松开鼠标后,继续复制,将重新开始复制图像,而且将原来的图像覆盖。
- "印象派效果":选择该复选框,可对图像进行印象派艺术效果的处理。图案的笔触会变得扭曲、模糊。

3.修复画笔工具

"修复画笔工具"可用于校正瑕疵,去除照片上的皱纹、斑点等杂点,也可以是污点、划痕等,使它们消失在周围的图像中。与"仿制图章工具"一样,"修复画笔工具"是利用图像或图案中的样本像素来绘画。但是,"修复画笔工具"还可以将样本像素的纹理、光照和阴影与源像素进行匹配,从而使修复后的像素不留痕迹地融入图像的其余部分。

"修复画笔工具"选项栏如图 4.19 所示。

图 4.19　"修复画笔工具"选项栏

●"源":设置用于修复像素的来源。选择"取样",则使用当前图像中定义的像素进行修复;选择"图案",则可从后面的下拉列表中选择预定义的图案对图像进行修复。

●"对齐":设置对齐像素的方式,与其他工具类似。其使用方法和"仿制图章工具"类似。

4.修补工具

"修补工具"可以用其他区域或图案中的像素来修改选中的区域。与"修复画笔工具"一样,"修补工具"会将样本像素的纹理、光照和阴影与源像素进行匹配。其选项栏如图 4.20 所示。

图 4.20　"修补工具"选项栏

●"修补":设置修补的对象,选择"源",则将选区定义为想要修复的区域;选择"目标",则将定义的选区定义为进行取样的区域;选择"透明",则被选区内的图像呈现半透明状态。

●"使用图案":单击该按钮,则会使用当前选中的图案对选区进行修复。

5.模糊工具

使用"模糊工具",通过将突出的色彩分解,使得僵硬的边界变得柔和,颜色过渡变平缓,达到一种模糊图像局部的效果。其选项栏如图 4.21 所示。

图 4.21　"模糊工具"选项栏

●"强度":设置画笔的力度。数值越大,一次操作得到的模糊效果越明显。

●"对所有图层取样":选中该复选框,则将模糊应用于所有可见图层,否则只应用于当前图层。

6.锐化工具

"锐化工具"与"模糊工具"相反,它通过增加颜色的强度,使得颜色柔和的边界或区域变得清晰、锐利,用于增加图像的对比度,使图像变得更清晰。但是绝不能认为进行模糊操作后的图像再经过锐化处理就能恢复到原始状态。

7.涂抹工具

"涂抹工具"能够通过推、拉、移等操作改变图像中像素的分布位置,从而得到手指涂抹作图的效果。如果图像在颜色与颜色之间的边界比较生硬,或颜色与颜色之间过渡不好,可以使用"涂抹工具"将过渡颜色柔和化。其选项栏如图 4.22 所示。

图 4.22 "涂抹工具"选项栏

这里需要特别介绍"手指绘画"选项,若选中此复选框,则可以使用前景色在每一笔的起点开始,向鼠标拖拽的方向进行涂抹;如果不选,则涂抹工具用起点处的颜色进行涂抹。如图 4.23 所示为原图和使用"涂抹工具"后的效果图。

原图　　　　　　　　　　　　　　　效果图

图 4.23 原图与使用"涂抹工具"后的效果图

4.3.3 图像的合成

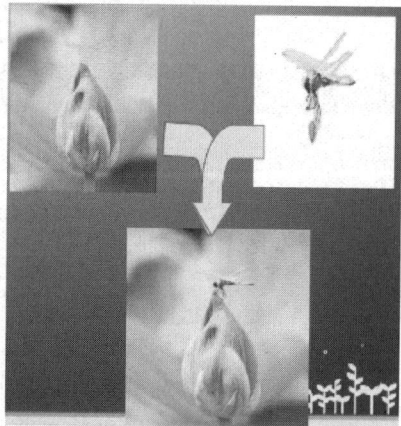

图 4.24 合成的效果

图像合成是指把原有的两幅或两幅以上的图像合成一幅图像,以突出表达某个主题。例如:宋代诗人杨万里的《小池》中的名句"小荷才露尖尖角,早有蜻蜓立上头",为了更好地表达诗的意境,真实地再现当时的场景,我们可以用两张图片合成一张,如图 4.24 所示。

合成的图片,就好像透明胶片拼图,在 Photoshop 中图像背景是灰白格表示透明图片,我们把透明图片一层层叠加,合成图像。这些透明图片就是图层,也可以改变图层的位置以达到合成图像的效果。

下面我们以实例来介绍图像的合成处理。

（1）打开准备好的两幅图片（"夕阳海滩"图和"甜蜜情人"图），如图 4.25 所示。

"夕阳海滩"图 　　　　　　　　　　　　　　　"甜蜜情人"图

图 4.25　原始素材图

（2）使用"移动工具"将"夕阳海滩"图拖曳至"甜蜜情人"图中，并调整大小和位置。效果如图 4.26 所示。

图 4.26　拖曳后的效果图

（3）在图层面板上选择"添加图层蒙版"按钮，如图 4.27 所示。

图 4.27　添加蒙版

（4）选中图层蒙版，选择"渐变工具"，利用黑白渐变色，在图像中由下至上做出渐变效果，如图 4.28 所示。

图 4.28　渐变效果

（5）按快捷键"Ctrl+E"合并图层，完成图像的合成。

4.3.4　为图片加上文字

Photoshop 提供了非常强大的文字编辑与处理功能，可以输入横排文字与直排文字，并根据需要改变文字的字符与段落属性，还可以为文字添加图层样式来打造文字的特殊效果。

1.输入文字

在 Photoshop 中可使用文字工具组创建文字。文字工具组主要包括"横排文字工具""直排文字工具""横排文字蒙版工具"和"直排文字蒙版工具",如图 4.29 所示,可以选择其中一种,创建符合要求的文字。

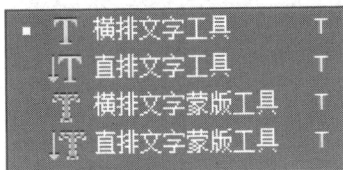

图 4.29　文字工具组

这四个文字工具的选项栏内容基本相同,只有对齐方式在选择横排或直排文字工具时不同,"横排文字工具"的选项栏如图 4.30 所示。

图 4.30　"横排文字工具"选项栏

- "改变文本方向":单击此按钮,可以将选择的水平方向转换为垂直方向,或将选择的垂直方向转换为水平方向。
- "设置字体":设置输入文字的字体。
- "设置字体样式":设置输入文字的字体形态。
- "设置字体大小":在此数字框中输入文字的字体大小或在下拉列表中选择字体大小。
- "设置消除锯齿":设置文字边缘的平滑程度。
- "设置文本对齐":设置文本的对齐方式。
- "设置文本颜色":设置输入文字的颜色。
- "创建变形文本":设置输入文字的变形效果。只有输入文本后,此按钮才被激活。
- "切换字符和段落面板":单击此按钮,可显示或隐藏"字符"面板或"段落"面板。

2.创建点文字

点文字是一类不会自动换行的文本,也是 Photoshop 中使用最为广泛的一类文字,通常用于设计作品的标题、名称、简短的广告语。创建点文字的方法:选择"横排文字工具"或"直排文字工具",在文档窗口中单击鼠标左键,出现文字输入光标,此时即可输入文字,输入完毕后单击"提交"按钮确认。

3.创建段落文字

段落文字是一类以段落文字定界框来确定文字的位置与换行情况的文字,当改变段落文字定界框时,定界框中的文本会根据定界框的位置自动换行。创建段落文字的方法:选择"横排文字工具"或"直排文字工具",在文档窗口中按住鼠标左键不放,拖曳创建一个段落定界框,释放鼠标左键后,文字光标会显示在文本定界框内,然后输入文本。

4.格式化文字与段落

对文字进行格式化是通过"字符"面板来完成的。

选择文字工具后,单击工具选项栏中的"切换字符和段落面板"按钮,打开如图4.31所示的"字符"面板。"字符"面板的主要功能是设置文字的字体、字号以及字间距、行间距等。

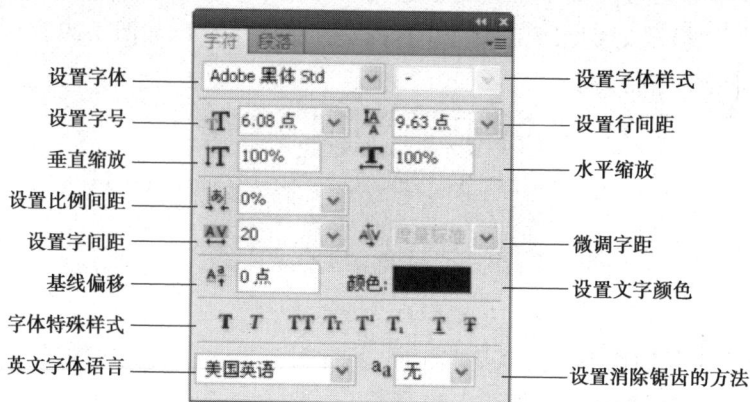

设置字体
设置字号
垂直缩放
设置比例间距
设置字间距
基线偏移
字体特殊样式
英文字体语言

设置字体样式
设置行间距
水平缩放
微调字距
设置文字颜色
设置消除锯齿的方法

图4.31 "字符"面板

恰当地使用段落属性能够大大增强文字的可读性与美观度。设置段落属性,对段落进行格式化是通过"段落"面板来完成的。

在"字符"面板中单击"段落"选项卡,即可切换至"段落"面板,如图4.32所示。"段落"面板的主要功能是设置文字的对齐方式以及缩进量等参数。

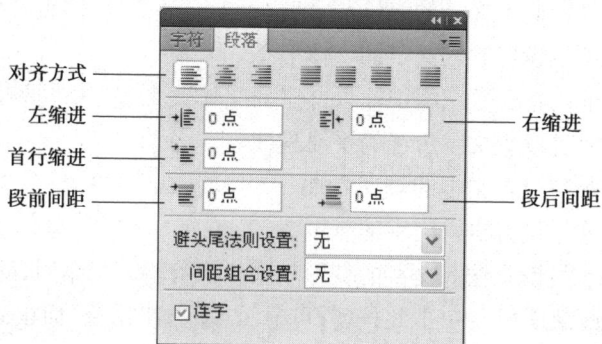

对齐方式
左缩进
首行缩进
段前间距

右缩进
段后间距

图4.32 "段落"面板

思考与练习

1.简述在Photoshop中复制图层的方式。

2.谈谈Photoshop中的背景层有哪些特性。

3.比较Photoshop中的"仿制图章工具"和"修复画笔工具"。

第 5 章　动画媒材的设计与制作

　　Flash 是一款多媒体交互动画工具软件,具有简单易学、操作方便及适用于网络等优点,被广泛用于多媒体课件制作等领域。Flash 软件能将矢量图、位图、音频、动画和深层的交互动作有机地、灵活地结合在一起,创建美观、新奇、交互性强的动画作品,并且可以被Dreamweaver、PowerPoint 等其他课件制作软件调用,这一兼容性也大大增强了 Flash 动画在多媒体课件制作中的适用性。掌握 Flash 的使用方法及制作动画的基本原理,能方便快捷地制作出符合自己需求的动画媒材。

5.1　初识 Flash

5.1.1　Flash 软件的基本界面

　　1.开始界面

　　开始界面如图 5.1 所示。

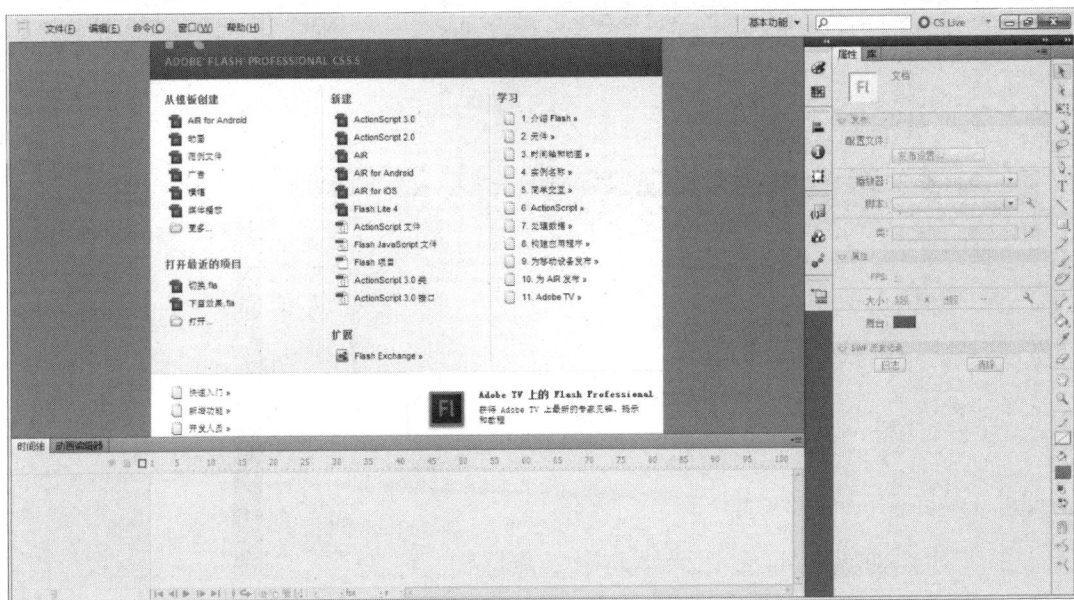

图 5.1　开始界面

2.工作界面

在开始界面选择"新建"下的"Flash 文件(ActionScript3.0)",则创建了一个影片文档并进入其工作界面,如图5.2所示。

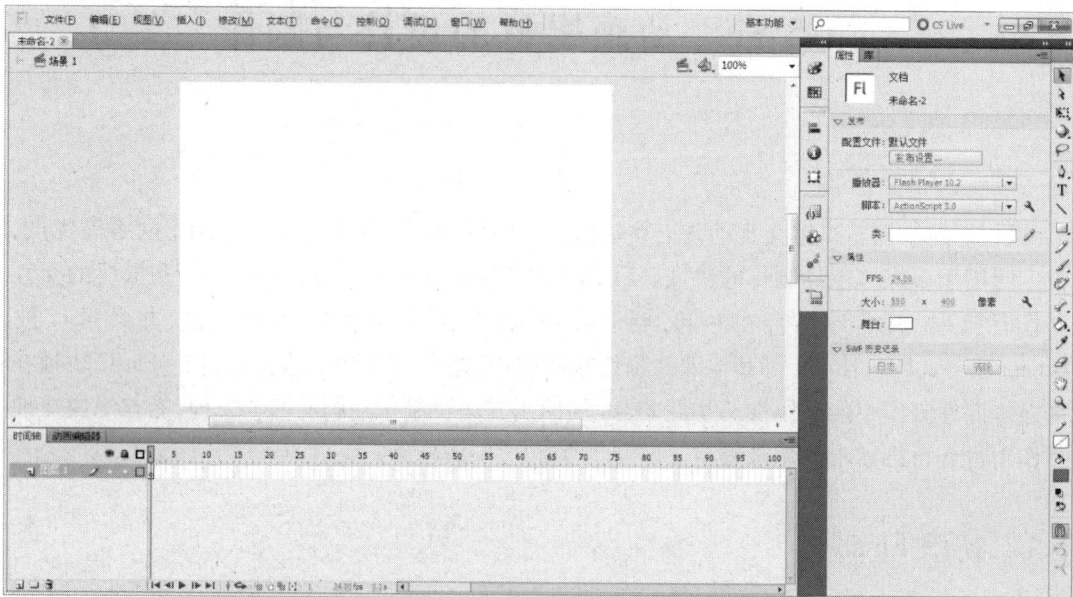

图 5.2　默认工作界面

单击界面右上角的"基本功能"下拉列表,可选择适合自己操作的工作界面,本章在"传统"界面下为大家进行相关讲解,如图5.3所示。

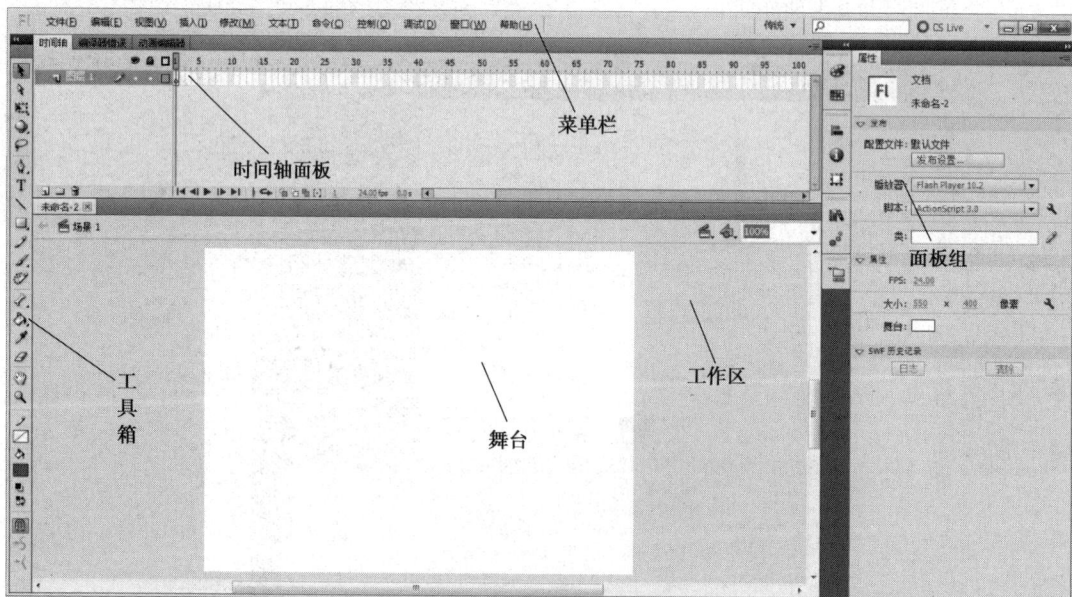

图 5.3　传统模式下的工作界面

1)菜单栏

菜单栏包括"文件""编辑""视图""插入""修改""文本""命令""控制""调试""窗口"

与"帮助"十一个菜单。

2) 工具箱

工具箱(见图 5.4)位于传统工作界面的左侧,工具箱中包含了很多的工具按钮,如果工具按钮右下角有 ▪ 标志,则表示其包含一组工具,长按该图标则可显示出这一组中的其他工具按钮。

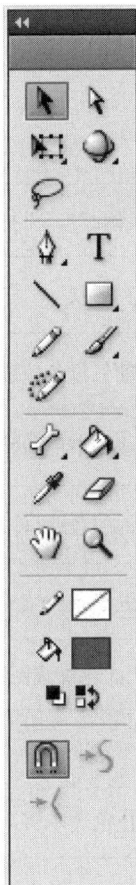

图 5.4　工具箱

常用工具按钮的功能见表 5.1。

表 5.1　工具按钮的功能

名　称	图　标	功　能
选择工具		选择对象,也可改变线条或图形的轮廓
部分选取工具		调整图形的锚点或者调整杆
任意变形工具		调整图形的大小或角度

续表

名　称	图　标	功　能
套索工具		进行区域选择
钢笔工具		绘图,也可调整其他曲线,常用于绘制比较复杂、精确的曲线
文本工具		创建文本对象
线条工具		主要用于绘制不同角度的矢量直线
矩形工具		用于绘制圆形、椭圆形、方形、多边形等图形
铅笔工具		绘制任意线条和形状
刷子工具		绘制不同形状的矢量色块或创建特殊的绘制效果
墨水瓶工具		更改矢量线条或图形的边框颜色、更改封闭区域的填充色等
颜料桶工具		填充图形内部的颜色,可使用纯色、渐变色及位图进行填充
滴管工具		吸取现有图形的线条或填充色上的颜色等信息
橡皮擦工具		擦除图形、图形的轮廓或图形内部的填充颜色
手形工具		调整舞台位置
缩放工具		调整舞台显示比例大小
笔触工具		设置笔触颜色
填充工具		设置填充色
最下方工具功能区		根据不同的工具显示相应的功能按钮

3)时间轴面板

时间轴面板分为左边的图层面板和右边的帧面板两部分。

文档的图层显示在"时间轴"面板左侧区域,每个图层中包含的帧显示在该图层右侧的区域中,"时间轴"面板顶部的标题显示帧的编号。"时间轴"面板底部显示时间轴状态,它指示所选的帧的编号、当前的帧频以及到当前帧为止的运动时间。在默认状态下,帧是以标准方式显示的,单击"时间"轴面板右上角的按钮,在打开的菜单中可以修改帧的显示方式,如高度、宽度、颜色等。

4) 舞台

舞台是创建 Flash 文档时放置图形内容的矩形区域,用户可以直接在舞台中绘制图形、导入图形或其他媒体文件等。在最后生成的 SWF 文件中,播放的内容也只限于在舞台上出现的对象,其他区域的对象不会在播放时显示,所以制作动画作品时,应首先设置好舞台的大小、帧频等。要修改这些属性,可以通过"修改"菜单下的"文档"命令,也可以单击舞台空白处后,在界面右侧的"属性"面板中设置。

5) 面板组

面板组是用于管理 Flash 面板,它将所有面板都嵌入到同一个面板中。通过面板组,用户可以对工作界面的面板布局进行重新组合,以适应不同用户的工作需要。可以通过"窗口"菜单,显示或隐藏任何一个面板。

默认情况下,"属性"面板显示在界面右侧,这是 Flash 中重要的面板之一。"属性"面板会根据用户当前所选工具及进行的不同操作动态地改变。用户可以通过对"属性"面板中的参数进行相应的设置,实现工具效果的创建和调整。

5.1.2　Flash 文档的基本操作

1.新建 Flash 文档

执行"文件"→"新建"命令,打开"新建文档"对话框,单击"常规"标签将打开"常规"选项卡,然后在"类型"列表框中选择需要新建的文档类型,在"新建文档"对话框右侧的"描述"说明框中会显示该类型的说明内容,最后单击"确定"按钮,即可创建一个空白文档。

2.打开文档

要打开一个已经创建好的 Flash 文档,可以执行"文件"→"打开"命令,打开"打开"对话框,选择所需打开的文件,然后单击"打开"按钮即可。可以单击"主工具栏"中的"打开"按钮,然后在"打开"对话框中选择要打开的文件。

3.保存文档

创建或者修改完 Flash 文档后,需要对该文档进行保存。如果 Flash 文档是第一次保存,执行"文件"→"保存"命令,打开"另存为"对话框。在该对话框中设置文件的保存位置、保存类型和保存名称,然后单击"保存"按钮即可。如果保存已经存档的文档,执行"保存"命令后将不打开"另存为"对话框,而是直接保存。

5.2　Flash 基本工具介绍

1.绘图和着色工具的使用

●线条工具:绘制各种直线最常用的工具。选中工具箱上的"线条工具"后,在"属性"面板设置线条的颜色、粗细和样式,如图 5.5 所示。

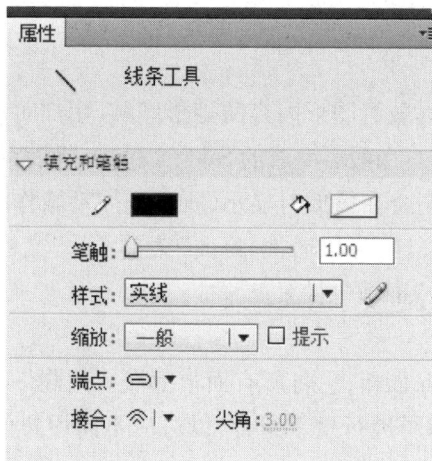

图 5.5　线条工具属性设置

　　然后移动鼠标到舞台上,按住鼠标左键并拖动,松开鼠标,一条直线就绘制完毕。多尝试改变线条的各项参数,能帮助初学者逐步提高绘图能力。

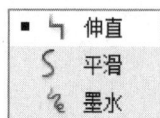

图 5.6　线条工具模式

　　●铅笔工具:用于绘制线条。选中"铅笔工具"后,除了可在"属性"面板中设置与"线条工具"相似的属性外,还应关注工具箱下边的"选项",铅笔工具的三种绘图模式,如图 5.6 所示。

伸直模式:可以将分离的直线自动连接,使歪曲的直线变平滑。

平滑模式:把线条转换成接近形状的平滑曲线,此外一条端点靠近其他线条的线将被相互连接。

墨水模式:不加修饰,完全保持鼠标轨迹的形状。

　　●椭圆工具:绘制椭圆形、圆形等基本图形。选中"椭圆工具"后,可在"属性"面板中设置椭圆的笔触颜色、高度、样式、填充颜色等属性。

　　在绘制椭圆时,按住"Shift"键不放,拖动鼠标,则可画出正圆。

　　基本椭圆工具、矩形工具、基本矩形工具的使用都与椭圆工具相似,不再赘述。

　　●多角星形工具:在椭圆工具组中,这是一个复合工具,可以通过"属性"面板中的"选项"按钮,选择绘制多边形或星形。

　　●刷子工具:绘制色块。当选中"刷子工具"后,工具箱下边就会显示它的"选项",可以选择刷子的大小及形状,并提供了五个修正选项。

　　●颜料桶工具:改变图形的内部填充颜色,通过对颜料桶的设置可以在封闭的区域内填充单色、渐变色和位图。选中"颜料桶工具"后,在颜料桶工具的"属性"面板中只有一项颜色面板的选择,更多的选项都在工具箱的"选项"中,如图 5.7 所示。

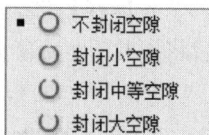

图 5.7　颜料桶工具填充模式

　　不封闭空隙:在填充过程中要求图形边线完全封闭,如果边线有空隙,在没有完全连接的情况下,就不能填充任何颜色。其他三项允许误差的设置使得图形在没有完全封闭的情况下也可以填充轮廓包围的区域,但若缺口太大,只能人工闭合后才能填充。

2.选择和调整工具

● 选择工具：用于选择对象、移动对象、改变对象轮廓。

● 部分选取工具：移动或编辑单个的锚点或切线，也可移动单个对象。

● 任意变形工具：可以改变图形的基本形状。当选中"任意变形工具"后，在工具箱的"选项"中，会有四个功能可供选择，分别是"旋转与倾斜""缩放""扭曲"和"封套"。

● 渐变变形工具：用于调整渐变色、填充物和位图填充物的尺寸、角度和中心点。

● 套索工具：一种选取工具，主要用于处理位图。选中"套索工具"后，会在"选项"中出现"魔术棒"及其选项和"多边形模式"，单击"多边形模式"，按需要单击鼠标，当得到所需要的选择区域时，双击鼠标自动封闭图形。

如果要选取位图中的同一色彩，可以先设置魔术棒属性。单击"魔术棒属性"按钮，在弹出的对话框中设置以下选项：对于"阈值"，输入一个介于 1 和 200 之间的值，用于定义将相邻像素包含在所选区域内必须达到的颜色接近程度。数值越高，包含的颜色范围越广。如果输入"0"，则只选择与你单击的第一个像素的颜色完全相同的像素。对于"平滑"，从弹出菜单中选择一个选项，用于定义所选区域边缘的平滑程度。

3.编辑文本工具

文本是动画非常重要的组成部分，也是 Flash 课件中的重要组成元素之一，它不仅可以帮助影片表述内容，也可以对影片起到一定的美化作用。Flash CS6 对"文本工具"有了很大的改变和加强，在丰富原有传统文本模式的基础上，又新增了 TLF 文本模式，可以使用户更有效地加强对文本的控制。选择工具箱中的"文本工具"后，在"属性"面板中可见"TLF 文本"和"传统文本"两种模式，如图 5.8 所示。

TLF 文本是 Flash CS6 中的默认文本类型，TLF 文本的出现，使得 Flash 在文字排版方面的能力大大加强。在工具栏上选中"文本工具"，即可在舞台上创建 TLF 文本，并在"属性"面板中设置相应的文字排版参数。

传统文本是 Flash 课件中的基础文本模式，它在图文制作方面发挥着重要的作用。

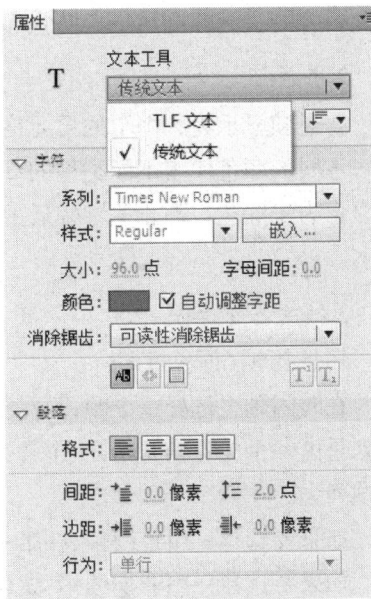

图 5.8　文本工具属性设置

为了使 Flash 动画中的文字更加灵活，可以使用"文本工具"的"属性"面板对文本的字体和段落属性进行设置。其中，文本的字符属性包括字体、大小、样式、颜色、字符间距、自动调整字距和字符位置等；段落属性包括对齐方式、边距、缩进和行距等。

Flash 动画需要丰富多彩的文本效果，因此在对文本进行基础排版之后，用户经常还要对其进行更进一步的加工，这时就需要用到文本的分离与变形功能。

● 分离文本：在"工具栏"中选择"文本工具"，在场景中单击鼠标左键并拖动，即可在舞台中创建文本框,在文本框中输入文字。选中文字,在菜单栏中选择"修改"→"分离"菜单项,被选中的文本被分离,多次执行,可将文本完全分离。此外,还可以使用快捷键"Ctrl+B"对选中的文本进行分离。

- 变形文本:将文字完全打散后,可利用工具箱中的任意变形工具,对其进行大小、方向、倾斜等变形操作。

5.3 Flash 课件中逐帧动画的制作

5.3.1 帧和关键帧

影片中的每个画面在 Flash 中称为帧,帧是 Flash 动画制作中最基本的单位。在各个帧上放置图形、文字、声音等各种素材或对象,多个帧按照先后次序以一定速率连续播放形成动画。Flash 中的帧按照功能的不同可以分为三种:关键帧、空白关键帧和普通帧。

1.关键帧

关键帧定义了动画的变化属性,逐帧动画中的每一帧都是关键帧,补间动画在动画的重要点上创建关键帧,再由 Flash 程序创建关键帧之间的内容。实心圆点是有内容的关键帧,而无内容的关键帧则用空心圆点表示,即空白关键帧。

2.普通帧

普通帧显示为一个个的单元格,无内容的帧是空白的单元格,有内容的帧则显示某种颜色。不同的颜色代表不同类型的动画,如动作补间动画的帧显示为浅蓝色,形状补间动画的帧显示为浅绿色。静止关键帧后的帧显示为灰色,关键帧后面的普通帧将继承该关键帧的内容。

3.帧的基本操作

1)选择帧和帧列

在时间轴上选择一个帧,只需要单击该帧即可,如果某个对象占据了整个帧列,并且此帧列是由一个关键帧开始,一个普通帧结束,那么只需要选中舞台中的这个对象就可以选中此帧列。

如果要选择一组连续帧,在第一帧上单击,按住键盘上的"Shift"键,单击最后一帧。

如果要选择一组非连续帧,按住键盘上的"Ctrl"键,然后单击选择的帧即可。

要选择帧列,按住"Shift"键,单击该帧列的第一帧,然后再单击该帧列的最后一帧即可。

2)插入帧

要插入帧,应该先选中准备插入帧的位置,然后在菜单栏中选择"插入"→"时间轴"→"帧"菜单项,也可以在插入帧的位置右击,在弹出的快捷菜单中,选择"插入帧"选项,即可插入帧。

3）复制、粘贴与移动单帧

复制帧：首先选中单个帧，单击鼠标右键，在弹出的快捷菜单中，选择"复制帧"选项，即可完成复制帧。

粘贴帧：选中准备粘贴的位置，单击鼠标右键，在弹出的快捷菜单中，选择"粘贴帧"选项即可。

移动帧：选中准备要移动的帧，按住鼠标左键并拖动到需要的目标位置即可。

4）删除帧

选中准备要删除的帧，单击鼠标右键，在弹出的快捷菜单中，选择"删除帧"选项，即可删除帧。

5）翻转帧列

选中需要翻转的整个帧列，单击鼠标右键，在弹出的快捷菜单中，选择"翻转帧"选项即可。

5.3.2　逐帧动画

逐帧动画是指每一帧都是关键帧的动画。在时间轴上逐帧绘制帧内容称为逐帧动画，由于是一帧一帧地画，所以逐帧动画具有非常大的灵活性，因为它与电影播放模式相似，很适合表演非常细腻的动画，如 3D 效果、面部表情或人物走路等，几乎可以表现任何想表现的内容。由于逐帧动画的帧序列内容不一样，因此会增加制作负担而且最终输出的文件容量也很大，所以比较适合制作一些时间较短的动画效果。

下面，通过一个实例来说明逐帧动画的创建。

［例］蝴蝶翅膀的扇动。

（1）新建 Flash 文档，保存为"蝴蝶翅膀的扇动"，在"属性"面板设置舞台的帧频为 12 fps，舞台背景色为浅蓝色。

（2）执行"文件"→"导入"→"导入舞台"命令，将蝴蝶图片导入到舞台，如图 5.9 所示。

图 5.9　导入图片到舞台

（3）选中图片，按快捷键"Ctrl+B"将图片打散，然后利用套索工具里的"魔术棒"选中图片的白色背景部分，再按键盘上的"Delete"键将白背景删除，效果如图5.10所示。

图5.10　编辑图片后的效果

（4）在时间轴面板第二帧插入关键帧，利用"任意变形工具"，将蝴蝶宽度变窄（对于离散的对象，可在变形时按住"Alt"键不放再拖动控制点，则可以中心点为缩放中心进行变形）。以此类推，制作翅膀缩放的各个关键帧，如图5.11所示。

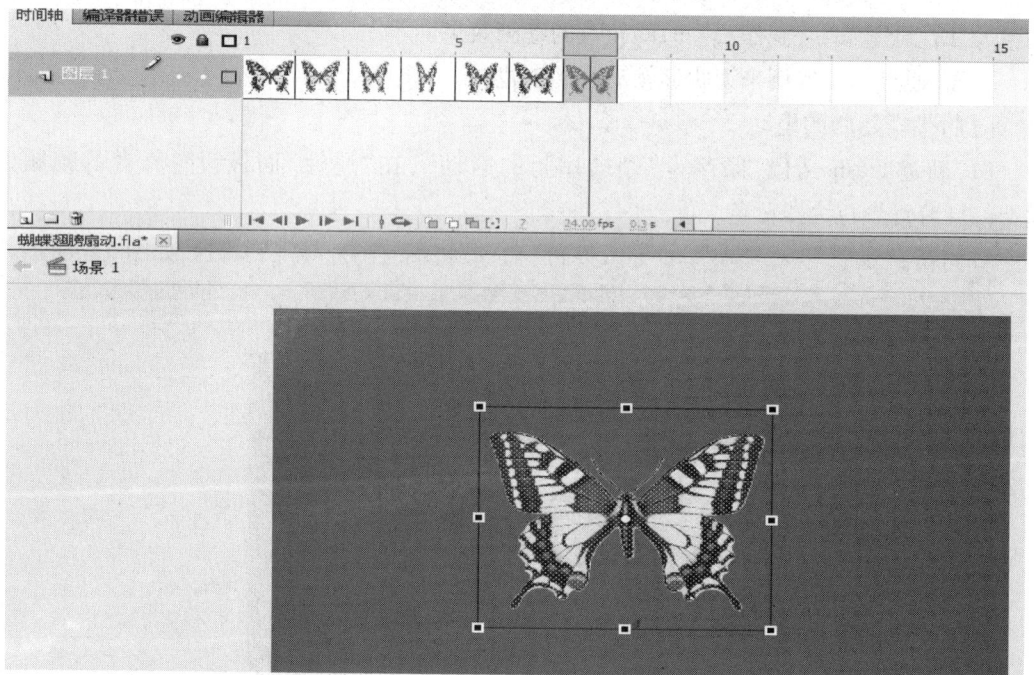

图5.11　调整每个关键帧上的图片效果

注意:选择如图 5.12 所示时间轴面板右上角下拉列表中的"预览"模式,则显示为预览效果。

(5)按"Enter"键可在场景中预览动画效果,按快捷键"Ctrl+Enter"快速发布动画影片并预览效果。

5.4 Flash 课件中补间动画的制作

补间动画也是 Flash 中非常重要的表现手段之一,补间动画有动作补间动画与形状补间动画两种。制作 Flash 动画时,在两个关键帧插入补间动画后,两个关键帧之间的过渡帧由 Flash 程序自动运算获得。

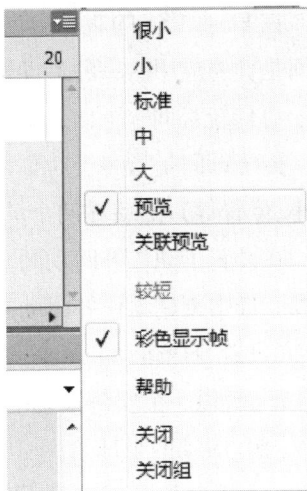

图 5.12 设置帧面板显示方式

5.4.1 传统补间动画

1.元件和实例概述

元件是一个可以重复使用的图像、动画或按钮。实例是将元件从库中拖到舞台上使用。当"元件"从"库"面板中进入"舞台"就被称为该"元件"的"实例"。

1)元件的类型

Flash 中的元件有三种类型,分别是图形元件、按钮元件、影片剪辑元件。

图形元件:一种最简单的 Flash 元件,一般用于制作动态图形、不具备交互性的动画以及与时间线紧密关联的影片。交互性控制和声音不能在图形符号中使用。

按钮元件:可以在影片中创建交互按钮,响应鼠标事件,如单击、双击或拖动鼠标等操作。

影片剪辑元件:用来制作独立于主时间线的动画。影片剪辑元件就像是主电影中的小电影片段,它可以包括交互性控制、声音甚至其他影片剪辑的实例。你也可以把影片剪辑的实例放在按钮的时间线中,从而实现动态按钮。有时为了实现交互性,单独的图像也要制作影片剪辑符号。

2)创建元件的方法

执行"插入"→"新建元件"命令,在弹出的对话框中输入元件名,选择元件类型,确定后在元件工作区进行编辑。

2.动作补间动画

动作补间动画也称动画补间动画,它可以用于补间实例、组和类型的位置、大小、旋转和倾斜,以及表现颜色、渐变颜色切换或淡入淡出效果。当用户选择使用动作补间动画来制作动画效果时,建议先将运动的对象制作为元件,这样既符合该补间制作的基本要求,又更加便于对运动对象的使用和管理。

在 Flash CS6 的版本中出现了"传统补间"和"补间动画"两种动画补间动画,目前,传统补间是普遍应用的一种运动渐变动画。

1)传统补间

传统补间是指一个对象,必须是元件或群组对象,在两个关键帧上设置不同的属性(如大小、位置等),然后在两个关键帧之间创建传统补间的动画。

在设置了动作补间动画之后,可以通过"属性"面板,对动作补间动画进行进一步的加工编辑。选中创建动作补间动画的任意一帧,然后在"属性"面板中设置补间的属性,如旋转或缓动(设置变速运动)。

下面,以一个实例来说明传统补间的创建。

[例]滚动的小球。

(1)新建 Flash 文档并保存,设置舞台宽高为 550 像素×200 像素。

(2)执行"插入"→"新建元件"命令,建立一个小球的元件,如图 5.13 所示,单击"确定"按钮,进入元件的编辑状态。

图 5.13 "创建新元件"对话框

(3)在工具箱中选择"椭圆工具",在"属性"面板中设置笔触颜色为无,填充颜色为绿色到黑色的放射渐变,按住"Shift"键不放,在编辑区拖拉鼠标绘制出一个正圆的小球,再利用工具箱中的"渐变变形工具"修改渐变颜色的位置,如图 5.14 和图 5.15 所示。

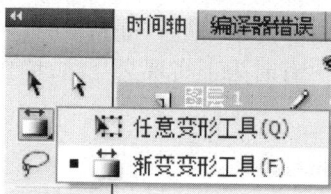

图 5.14 选择渐变变形工具

图 5.15 调整渐变效果后的小球

(4)单击"场景 1",回到舞台,打开"库"面板(按快捷键"Ctrl+L"),将其中的小球元件拖至舞台。

(5)在起点关键帧上设置小球的位置,如图 5.16 所示,然后在第 40 帧处插入关键帧,在该帧设置小球的位置,如图 5.17 所示。

图 5.16　设置小球的起点位置

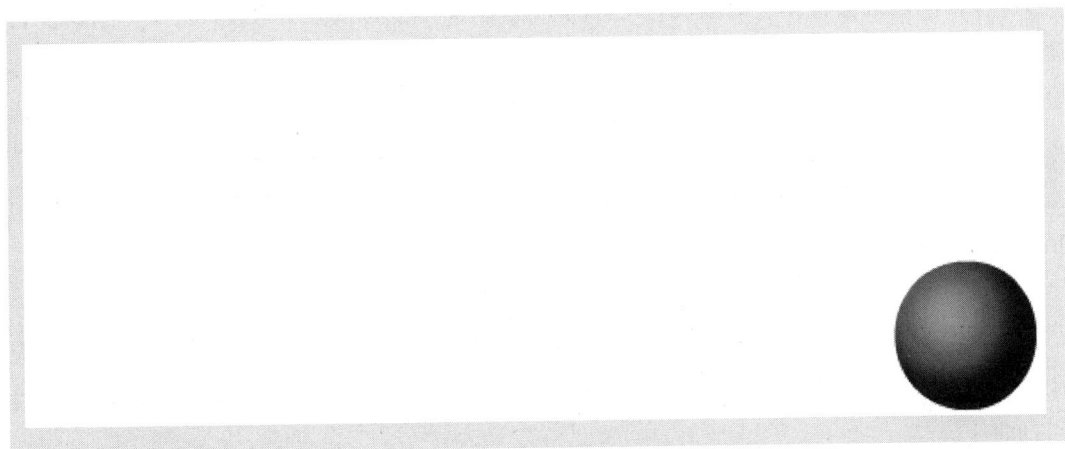

图 5.17　设置小球的终点位置

（6）定位在两个关键帧之间，在右键快捷菜单中选择"创建传统补间"，如图 5.18 所示。

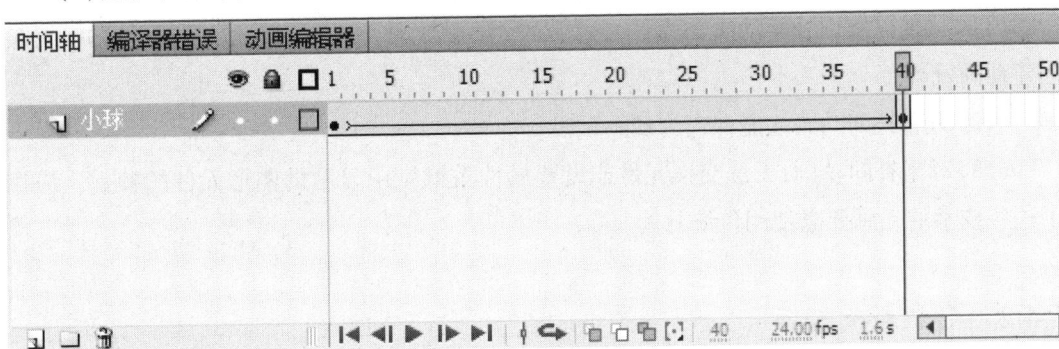

图 5.18　创建传统补间

（7）定位在补间上，设置"属性"面板中的"旋转"属性值为顺时针，1 次。

（8）按快捷键"Ctrl+Enter"快速发布并预览。

2）补间动画

补间动画是另一种动作补间动画。创建补间动画时，在舞台上拖入或创建一个元件后，不需要在时间轴的其他位置再插入关键帧,而是直接在层上选择补间动画,此时这一层变为蓝色,然后将播放头放置到在需要加关键帧的位置,再直接拖动舞台上的元件,就自动形成补间动画了。

3)补间动画和传统补间的区别

(1)传统补间使用关键帧。关键帧是其中显示对象的新实例的帧。补间动画只能具有一个与之关联的对象实例,并使用属性关键帧而不是关键帧。

(2)补间动画在整个补间范围上由一个目标对象组成。

(3)补间动画和传统补间都只允许对特定类型的对象进行补间。若应用补间动画,则在创建补间时会将所有不允许的对象类型转换为影片剪辑。应用传统补间会将这些对象类型转换为图形元件。

(4)补间动画会将文本对象视为可补间的类型,而不会将文本对象转换为影片剪辑。传统补间会将文本对象转换为图形元件。

(5)在补间动画范围上不允许帧脚本。传统补间允许帧脚本。

(6)补间目标上的任何对象脚本都无法在补间动画范围中更改。

(7)可以在时间轴中对补间动画的范围进行调整,并将它们视为单个对象。传统补间包括时间轴中可分别选择的帧的组。

(8)若要在补间动画范围中选择单个帧,必须按住"Ctrl"键单击帧。

(9)对于传统补间,缓动可应用于补间内关键帧之间的帧组。对于补间动画,缓动可应用于补间动画范围的整个长度。若要仅对补间动画的特定帧应用缓动,则需要创建自定义缓动曲线。

(10)利用传统补间,可以在两种不同的色彩效果(如色调和 Alpha 透明度)之间创建动画,补间动画可以对每个补间应用一种色彩效果。

(11)只可以使用补间动画来为 3D 对象创建动画效果。无法使用传统补间为 3D 对象创建动画效果。

(12)只有补间动画才能保存为动画预设。

(13)对于补间动画,无法交换元件或设置属性关键帧中显示的图形元件的帧数。应用了这些技术的动画要求使用传统补间。

5.4.2 形状补间动画

形状补间动画是指一个对象,必须是离散状态,在两个关键帧上设置不同的属性(如大小、形状等),然后在两个关键帧之间创建的动画。形状补间动画可以实现两个图形之间颜色、形状、大小、位置的相互变化,使用的元素多为用鼠标或压感笔绘制出的形状,如果使用图形元件、按钮、文字,则必先"打散"分解成普通图形才能创建变形动画。

下面,以一个实例来说明形状补间动画的创建。

[例]字母变形。

(1)新建 Flash 文档并保存,在文档"属性"面板中设置舞台大小为 300 像素×300 像素,帧频设置为 12。

(2)选择工具箱上的"文本工具",在"属性"面板中设置字体为 Impact,大小为 200,颜色为黑色,如图 5.19 所示,然后在舞台上单击鼠标,输入文字"A"。

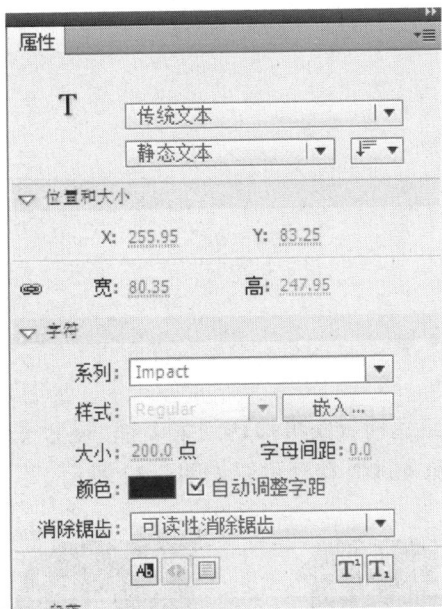

图 5.19　设置文本属性

(3)选择工具箱上的"选择工具",选中舞台上的文字"A",按快捷键"Ctrl+B"将文字打散。

(4)在时间轴面板 40 帧处插入关键帧,选中该关键帧,将舞台上的"A"选中然后删除,再次选择"文本工具",在舞台上输入"B",然后将其打散。

(5)定位在两个关键帧之间,在右键快捷菜单中选择"创建补间形状"。

(6)按快捷键"Ctrl+Enter"快速发布并预览。

在定位的补间上,可在"属性"面板设置形状补间的属性,分别为:

"缓动":设置后补间形状动画会随之发生相应的变化。数值在-100~-1,动画运动的速度从慢到快,朝运动结束的方向加速度补间;数值在 1~100,动画运动的速度从快到慢,朝运动结束的方向减速度补间。默认情况下,补间帧之间的变化速率不变。

"混合":单击该按钮,在下拉列表中选择"三角形"选项,在创建的动画中间形状会保留有明显的角和直线,适合于具有锐化转角和直线的混合形状;选择"分布式"选项,创建的动画中间形状比较平滑和不规则。

形状补间动画如果要做出比较精细的变形,或者前后图形差异较大时,变形结果会显得乱七八糟,这时,"形状提示"功能会大大改善这一情况。利用形状提示可以控制更为复杂和不规则形状的变化,"形状提示"可以帮助建立原形状与新形状各个部分之间的对应关系。打开前面字母变形的实例,进行形状提示点的添加:

（1）将时间轴面板上的红色播放头移动到第一帧，执行"修改"菜单→"形状"→"添加形状提示"命令，此时舞台上出现"a"标志，将其移动到 A 的左上边缘处，如图 5.20 所示。

（2）将时间轴面板上的红色播放头移动到第 40 帧，将舞台上的"a"标志，移动到 B 的左上边缘处，如图 5.21 所示。

图 5.20　调整起点关键帧上
提示点的位置

图 5.21　调整终点关键帧上
提示点的位置

（3）将时间轴面板上的红色播放头再移动到第 1 帧，同上添加第二个形状提示点，移动位置，然后将播放头移动到第 40 帧，移动位置如图 5.22 所示。

图 5.22　提示点位置对比

（4）移动播放头，查看形变效果，这时已经建立起了 A 到 B 形变的对应关系。

5.5　Flash 课件中图层动画的制作

使用图层可以制作比较高级的动画，Flash CS6 中使用不同的图层种类也可以制作不同的动画，如遮罩层动画和引导层动画。

5.5.1　遮罩层动画

遮罩层动画是 Flash 中的一个很重要的动画类型，很多效果丰富的动画都是通过遮罩层动画来完成的。在 Flash 的图层中有一个遮罩图层类型，为了得到特殊的显示效果，可以在遮罩层上创建一个任意形状的"窗口",遮罩层下方的对象可以通过该"窗口"显示出来,而"窗口"之外的对象将不会显示。

在 Flash 动画中,"遮罩"主要有两种用途:一种是用在整个场景或一个特定区域,使场景外的对象或特定区域外的对象不可见;另一种是用来遮罩住某一元件的一部分,从而实现一些特殊的效果。

可以在遮罩层、被遮罩层中分别或同时使用形状补间动画、动作补间动画、引导线动画等动画手段,从而使遮罩层动画变成一个可以施展无限想象力的创作空间。

下面,以一个实例来说明遮罩层动画的创建。

[例]探照灯。

(1)新建 Flash 文档并保存,在文档"属性"面板中设置舞台大小为 550 像素×200 像素,颜色为黑色,帧频为 12。

(2)双击时间轴面板上的图层 1,将图层名改为"文字层",然后选择文字工具,并在"属性"面板设置文字的属性,字体为黑体,大小为 55,颜色为黄色,在舞台上输入文字"FLASH动画制作",回到选择工具,选中文字并按快捷键"Ctrl+B"两次,将文字完全打散。

(3)新建图层 2,更名为"圆",在该层利用"椭圆工具"绘制一个椭圆,如图 5.23 所示。

图 5.23　绘制椭圆后的效果

(4)在"圆"层第 40 帧插入关键帧(按"F6"),在"文字层"第 40 帧插入普通帧(按"F5"),再选择"圆"层的第 40 帧,将舞台上的圆拖到舞台的右边,然后在两个关键帧之间创建补间形状,如图 5.24 所示。

图 5.24　创建补间后的时间轴效果

（5）右击"圆"层，在弹出的快捷菜单中选择"遮罩层"，如图 5.25 所示。

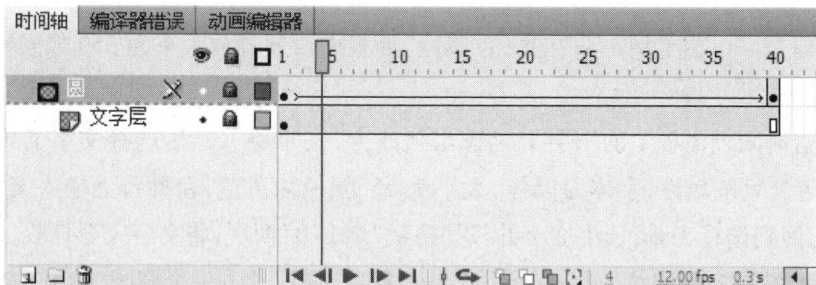

图 5.25　设置遮罩层后的时间轴效果

（6）按快捷键"Ctrl+Enter"快速发布并预览。

5.5.2　引导层动画

在生活中，有很多运动是弧线或不规则的，如月亮围绕地球旋转、鱼儿在大海里遨游，蝴蝶在花丛中飞舞等，在 Flash 中使用引导层动画可以做出这些随意运动的效果。

将一个或多个层链接到一个运动引导层，使一个或多个对象沿同一条路径运动的动画形式被称为引导层动画或引导路径动画。这种动画可以使一个或多个元件完成曲线或不规则运动。

在制作引导层动画时，必须要创建引导层，引导层是 Flash 中的一种特殊图层，在影片中起到辅助作用，引导层不会导出，因此不会显示在发布的 SWF 格式文件中，即引导层上的内容不会显示在发布文件中。

下面，以一个实例来说明引导层动画的创建。

[例]飞机的飞行。

（1）新建 Flash 文档并保存，在文档"属性"面板中设置帧频为 12。

（2）执行"插入"菜单→"新建元件"命令，输入元件名为"飞机"，"类型"选择"图形"，如图 5.26 所示，单击"确定"按钮进入元件编辑区。

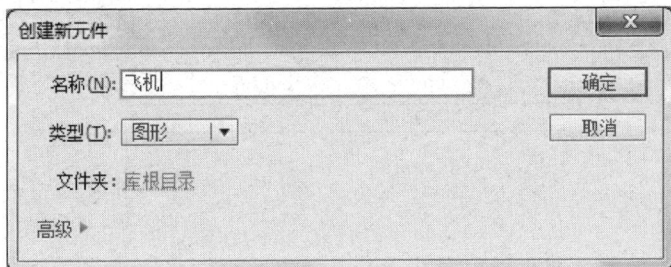

图 5.26　创建飞机元件对话框

（3）在元件编辑区，使用"线条工具"绘制飞机轮廓，然后使用"颜料桶工具"填充颜色，如图 5.27 所示。

图 5.27　绘制飞机效果

（4）单击"场景 1"，回到舞台，双击时间轴面板"图层 1"处，将其更名为"飞机层"，然后执行"窗口"菜单→"库"命令，将显示"库"面板，并将"库"面板中的"飞机"元件拖到舞台上，调整好大小。

（5）右键单击"飞机层"，在弹出的快捷菜单中选择"添加传统运动引导层"，如图 5.28 所示。

（6）单击选中引导层，在工具箱中选择"铅笔工具"，设置模式为平滑，在舞台上绘制一条曲线，然后在引导层第 40 帧处插入普通帧，在飞机层第 40 帧处插入关键帧，效果如图 5.29 所示。

（7）单击选中"飞机层"第一帧，用工具箱中的"选择工具"将舞台上的飞机移至曲线的起始端（注意在移动时元件实例的中央会出现一个空心的圆圈，一定要将空心圆圈与曲线的起始端重合），如图 5.30 所示，然后单击"图层 1"的第 40 帧，将飞机用同样的方法移至曲线的终止端。

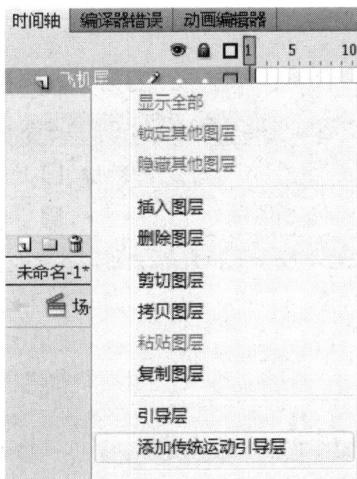

图 5.28　选择"添加传统运动引导层"

图 5.29　终点插入关键帧及普通帧后的效果

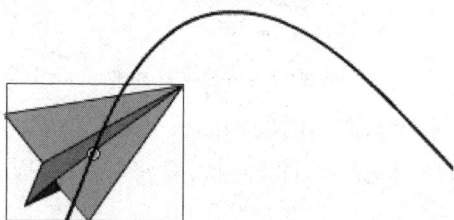

图 5.30　元件与路径对齐

（8）在"飞机层"的第一帧到第 40 帧中的任意一帧上创建补间动画，如图 5.31 所示。

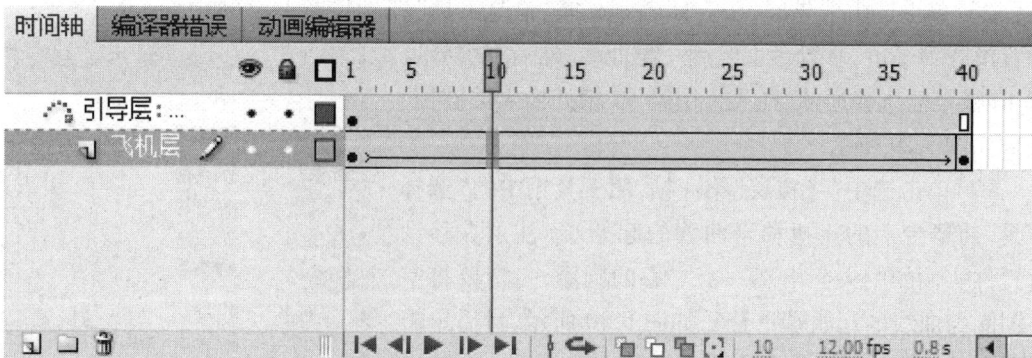

图 5.31　创建补间后时间轴的效果

（9）单击"飞机层"的第一个关键帧，使用工具箱上的"任意变形工具"，调整飞机的方向为路径的切线方向；同理在第 40 帧关键帧处，调整飞机方向，然后单击补间任何一帧，在"属性"面板中勾选"调整到路径"复选框，如图 5.32 所示，保证飞机按照路径的变化自动调整方向。

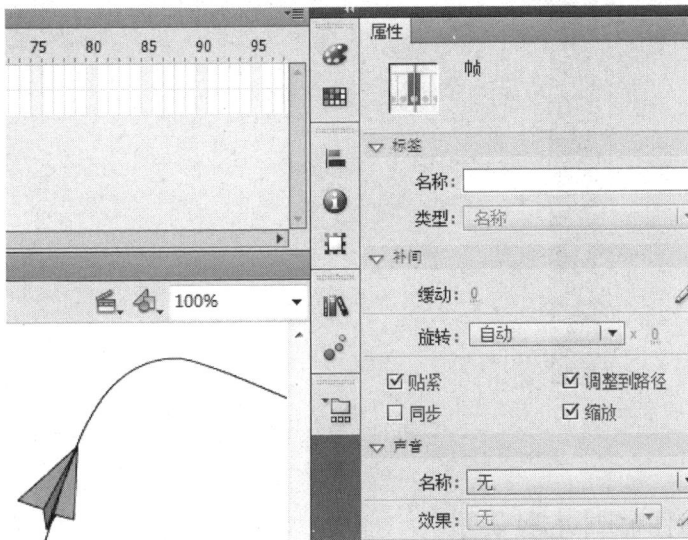

图 5.32 调整飞机元件到路径

（10）按快捷键"Ctrl+Enter"快速发布并预览。

5.6 Flash 课件中的交互设计

Flash 不仅可以制作出形象生动的动画，还可以通过交互设置来控制动画的播放，使课件具有更强的可操作性和互动性。

5.6.1 交互设计基础知识

Flash 中的交互效果主要是通过 Action Script 语言来实现的，它是 Flash 强大的交互功能的灵魂，通过它可以给帧、影片剪辑实例和按钮赋予动作，从而实现对动画的控制。

Flash 中的动作脚本编辑通过"动作-帧"面板实现，执行"窗口"菜单→"动作"命令，或者右击需要添加脚本语言的对象如关键帧、按钮等，在弹出的快捷菜单中选择"动作"，都会将"动作-帧"面板显示出来，如图 5.33 所示。在该面板编辑区域输入动作语言，或者单击面板上方的添加按钮 ，在打开的快捷菜单中选择需要的项目并添加到脚本中即可。

图 5.33 动作面板

5.6.2 按钮元件的创建和使用

在具有交互功能的课件中,一定需要按钮,同时它也是元件中的一种重要类型。用户还可根据需求自己创建按钮元件,执行"插入"→"新建元件"命令,在打开的对话框中选择"类型"为"按钮",单击"确定"按钮,进入按钮的编辑区,一个按钮元件有四个帧,如图 5.34 所示。

图 5.34 按钮元件的时间轴面板

弹起:指按钮的常态,即鼠标指针未进入按钮响应区时按钮的状态。

指针:指鼠标移动到按钮的响应区上,但未按下鼠标时,按钮的状态。

按下:指鼠标按下时按钮的状态。

点击:设置按钮的响应区域,该帧上图形的大小决定了按钮响应区的范围大小。

在 Flash 中,除了可以自己创建按钮,也可以在公用库中使用系统自带的按钮元件,如图 5.35 所示。

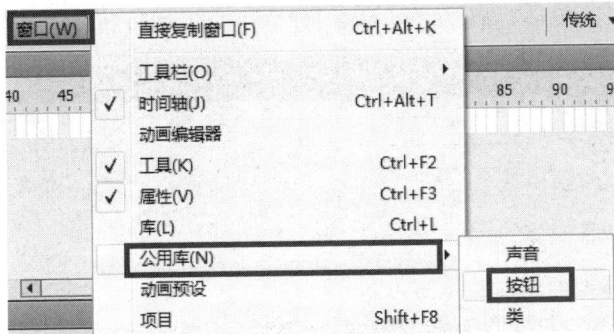

图 5.35　公共库

下面,以一个实例来说明按钮的制作以及交互动画的设计。

[例]舞台中的银行按钮。

(1)新建一个 ActionScript 2.0 的 Flash 文档,保存。

(2)执行"插入"菜单→"新建元件"命令,打开"创建新元件"对话框,输入名称"银行按钮","类型"选择"按钮",如图 5.36 所示。

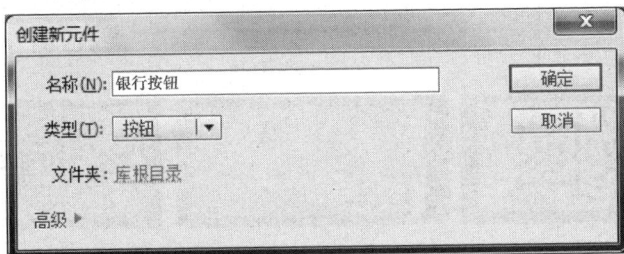

图 5.36　创建银行按钮元件对话框

(3)单击"确定"按钮后,进入银行按钮编辑区,在"点击"帧处按"F6"键插入关键帧,在该帧上使用"矩形工具"绘制一个矩形,如图 5.37 所示。

图 5.37　"点击"帧上绘制矩形

（4）执行"插入"菜单→"新建元件"命令，建立一个返回按钮元件，如图5.38所示。

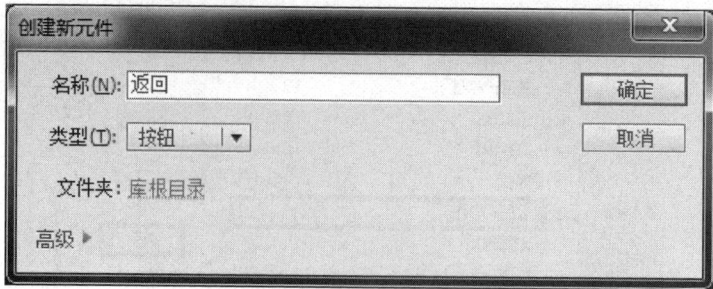

图5.38　创建返回按钮元件

（5）确定后进入按钮编辑区，制作一个返回按钮，如图5.39所示分别是弹起、指针、按下的效果。

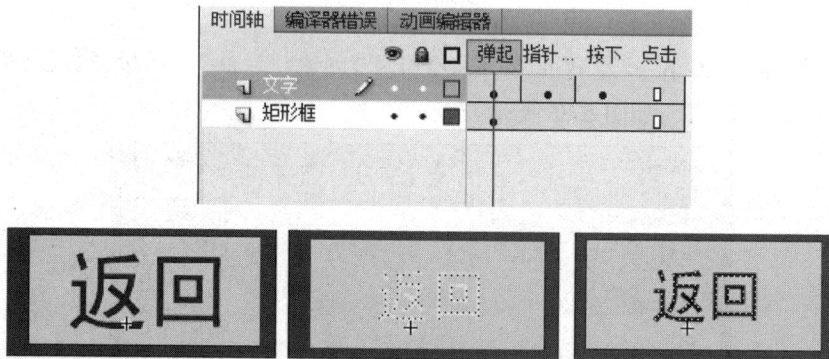

图5.39　弹起、指针、按下三个关键帧上的效果

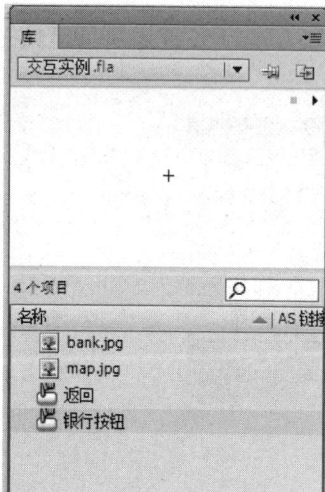

图5.40　库面板

（6）单击场景1，回到舞台，执行"文件"→"导入"→"导入到库"命令，将素材图片map.jpg和bank.jpg导入库面板，如图5.40所示。

（7）单击"图层1"第一帧，将库面板中的map.jpg图片拖到舞台中并调整为合适大小，在第二帧插入空白关键帧，选中后将bank.jpg图片拖到舞台中并调整为合适大小。

（8）新建"图层2"，选中"图层2"第一帧，将"银行按钮"元件从库面板中拖到舞台中，并放置到银行区域，如图5.41所示。

（9）双击舞台上的银行按钮，进入编辑区，修改"点击"帧上的图形，如图5.42所示。

（10）返回场景1，在"图层2"的第二帧插入空白关键帧，将返回按钮拖到舞台中，如图5.43所示。

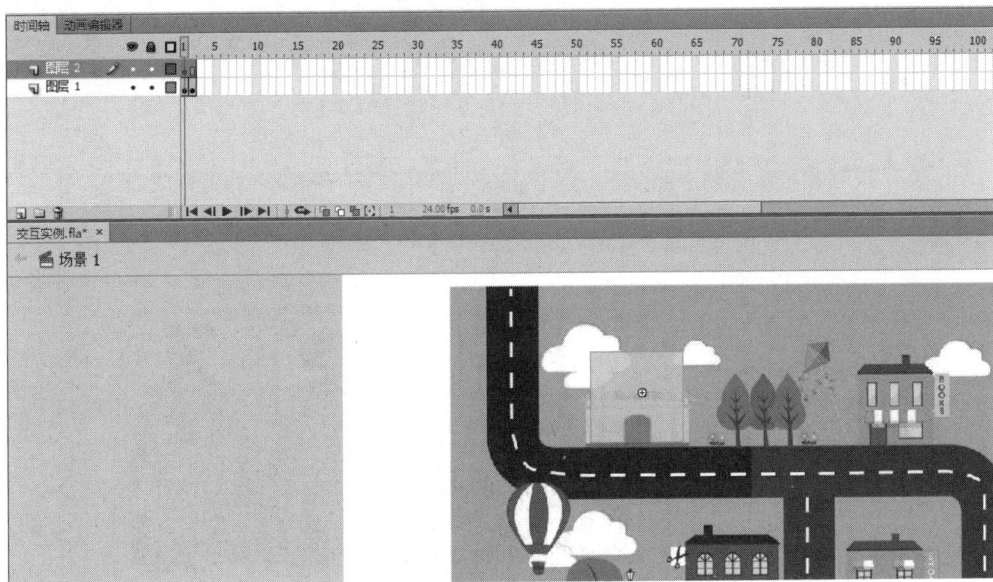

图 5.41　将银行按钮元件放置到舞台对应区域

图 5.42　进入元件编辑按钮内部图形

图 5.43 将返回按钮放到舞台区域

（11）新建"图层 3"，右击"图层 3"第一个关键帧，在弹出的快捷菜单中选择"动作"，打开"动作-帧"面板，在面板编辑区添加函数 stop( )，如图 5.44 所示。

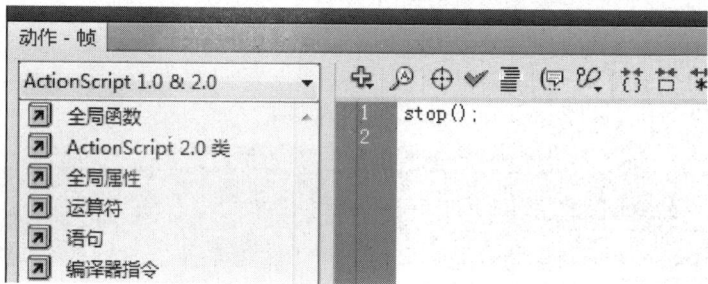

图 5.44 为"图层 3"第一个关键帧添加代码

（12）选中舞台上的银行按钮，单击鼠标右键，在弹出的快捷菜单中选择"动作"，打开"动作-帧"面板，在面板编辑区添加代码，如图 5.45 所示。

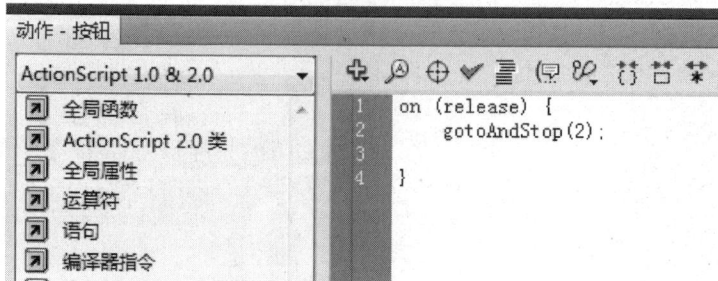

图 5.45 为银行按钮添加代码

（13）选中舞台上的"返回"按钮,单击鼠标右键,在弹出的快捷菜单中选择"动作",打开"动作-帧"面板,在面板编辑区添加代码,如图 5.46 所示。

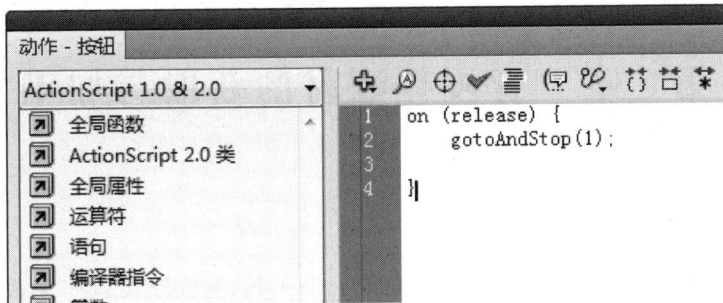

图 5.46　为返回按钮添加代码

（14）按快捷键"Ctrl+Enter"快速发布并预览。

思考与练习

1.简述传统补间动画和形状补间动画的概念。

2.Flash 中的元件有哪几种类型? 简述每种元件类型的特征。

3.简述 Flash 中遮罩层动画的基本原理。

4.设计一只蝴蝶在花丛中自由飞舞的动画。谈谈应选择哪种动画来完成,并简述操作步骤。

第6章 音视频媒材的获取与加工

音频和视频是教学过程中两个非常重要的辅助工具,它们既可以作为课件的一部分添加在课件中,也可以作为教学过程中的独立教学素材,是为教学过程增添趣味性,扩展教学方式的好帮手。音视频与图片等素材一样,在获取时也会面临有些素材可直接使用,而有些素材是需要进行再加工才能使用的问题。所以,本章主要讲解音频和视频素材在获取和加工时的一些方法。

6.1 音频和视频素材概述

6.1.1 音频素材概述

1.音频属性

随着数码时代的到来,我们可以通过手机、音响、电脑等设备听到各种各样的声音,也能够分辨出音质的好和差,而这种好和差所带来的,不仅仅是听到的效果不一样,还有设备和价格上的天差地别。那么,是什么影响着声音的音质呢?下面我们就来看看声音的一些常见属性。

1)采样频率

音频采样率是指录音设备在一秒内对声音信号的采样次数,采样频率越高,声音的还原就越真实、越自然,获得的声音文件质量也就越好,当然,其文件占用的存储空间也就越大。众所周知,所有的声音都有其波形,数字信号就是在原有的模拟信号波形上每隔一段时间进行一次"取点",然后再赋予每一个点一个数值,这就是"采样",最后把所有的"点"连起来就可以描述模拟信号了,也就是说,在一定时间内取的点越多,描述出来的波形就越精确,这个尺度我们就称为"采样频率"。

我们最常用的采样频率是44.1 kHz,意思是每秒取样44 100次,因为这个采样频率是最为合适的,低于这个值音质就会有较明显的损失,而高于这个值的话,人的耳朵已经很难分辨出区别,而且,增加取样次数,也会增大数字音频所占用的空间。在数字音频领域,常用的采样频率见表6.1。

表 6.1 常用的采样频率

采样频率	应用范围
8 000 Hz	电话所用采样频率,能听到人的说话声音
11 025 Hz	获得的声音称为电话音质,基本上能分辨出通话人的声音
22 050 Hz	无线电广播所用采样频率,广播音质
44 100 Hz	音频 CD,也常用于 MPEG-1 音频(VCD、SVCD、MP3)
48 000 Hz	Mini DV、数字电视、DVD、DAT、电影和专业音频所用的数字声音
96 000 Hz 或 192 000 Hz	DVD-Audio、一些 LPCMDVD 音轨、BD-ROM(蓝光盘)音轨和 HD-DVD(高清晰度 DVD)音轨

2)采样精度

采样精度,也称位深度(Bit-Depth),它决定数字音频的动态范围,也就是音频系数记录与重放时最大不失真信号与系统本底噪声之比的对数值。我们常见的采样精度为 16 比特(Bit),可以记录大概 96 dB 的动态范围。也就是说,每一个比特大约可以记录 6 dB 的声音。同理,20 Bit 可记录的动态范围大概就是 120 dB;24 Bit 大概就是 144 dB。在将模拟音频转化成数字音频的时候,选择适合的采样频率和采样精度,可以更准确地记录声音。

2.音频格式

电脑中的音频格式常用的有 CD、WAV、MP3、WMA、MIDI。除此之外,还有很多不常用到的如 RealAudio、VQF、OGG、AAC、AU 等,以及一些新兴的音频文件格式,下面我们就来介绍几个常用的音频格式。

1)CD

CD 格式是目前音质最好的音频文件格式,被誉为天籁之音。标准的格式采用 44.1 kHz 采样频率和 16 Bit 采样精度,88 KB/s 速率,CD 音轨可以说是近似无损的,它的声音基本上忠于原声,对于一个音乐发烧友来说,CD 会是首选。

我们在电脑上看到的 CD 文件是 CDA 格式文件,其大小都是 44 字节长,这只是一个索引文件,不能直接复制 CDA 格式文件到硬盘上播放,需要使用如 EAC 的抓音轨软件把 CD 格式的文件转换成 WAV 文件,其抓取之后的音频质量取决于设备和抓取参数。

2)WAV 格式

WAV 是微软公司开发的一种声音文件格式,常用于保存 Windows 的音频信息资源,文件的扩展名为".wav"。标准格式的 WAV 文件和 CD 格式一样,也是 44.1 kHz 的采样频率、88 KB/s 速率、16 位采样精度。因此,WAV 格式的声音文件质量和 CD 相差无几,也是电脑上普遍使用的一种无损的声音文件格式,几乎所有的音频编辑软件都支持 WAV 文件的编辑。

3)MP3 格式

MP3 是最常见的一种音频文件格式,它具有 10∶1 ~ 12∶1 的高压缩率,这种压缩是一种有损压缩,同样长度的声音文件,MP3 格式的文件大小一般只有 WAV 格式的 1/10,所以音质次于 CD 格式和 WAV 格式。但是由于 MP3 格式文件占用的存储空间小,音质又较好,使其成为网络上绝对的主流音频格式。

4)WMA 格式

WMA 是微软公司推出的与 MP3 格式齐名的一种音频格式。WMA 也是一种有损压缩音频格式,但由于 WMA 在压缩比和音质方面都超过了 MP3,更是远胜于 RA(Real Audio),即使在较低的采样频率下也能产生较好的音质。一般使用 Windows Media Audio 编码格式的文件以 WMA 作为扩展名。

5)MIDI 格式

MIDI 是 20 世纪 80 年代初为解决电声乐器之间的通信问题而提出的,是作曲家最爱的一种音乐格式,扩展名为".mid"。MIDI 传输的不是声音信号,而是音符、控制参数等指令,它指示 MIDI 设备要做什么? 怎么做? 如演奏哪个音符,有多大音量等。它们被统一表示成 MIDI 消息(MIDI Message)。如今,MID 文件主要用于原始乐器作品、流行歌曲的业余表演、游戏音轨以及电子贺卡等,其最大用处是在电脑作曲领域。

6.1.2 视频素材概述

1.视频属性

1)扫描传送

视频可以用逐行扫描或隔行扫描来传送,而交错扫描是早年在广播技术不发达,带宽甚低时用来改善画质的方法(NTSC、PAL 与 SECAM 皆为交错扫描格式)。在视频分辨率的简写当中经常以 i 来代表交错扫描,p 来代表逐行扫描,所以我们平时经常看到的 1 080 p 指该视频使用逐行扫描方式传送,其垂直方向有 1 080 条横向扫描线。

在逐行扫描系统当中每次画面更新时都会刷新所有的扫描线。此法较消耗带宽但是画面的闪烁与扭曲则可以减少。为了将原本为隔行扫描的视频格式(如 DVD 或类比电视广播)转换为逐行扫描显示设备(如 LCD 电视等)可以接受的格式,许多显示设备或播放设备都具有转换的程序。由于隔行扫描信号本身特性的限制,其转换后无法达到与原本就是逐行扫描的画面同等的品质。

2)分辨率

屏幕图像的精密度称为分辨率。数位视频以像素为度量单位,而类比视频以水平扫描线数量为度量单位。标清电视信号的分辨率为 720/704/640×480i60(NTSC)或 768/720×576i50(PAL/SECAM)。新的高清电视(HDTV)分辨率可达 1 920×1 080 p60,即每条水平扫描线有 1 920 个像素,每个画面有 1 080 条扫描线,以每秒 60 张画面的速度播放。

3)长宽比

长宽比是用来描述视频画面与画面元素的比例,传统的电视屏幕长宽比为 4∶3,HDTV 的长宽比为 16∶9 。

2.视频格式

视频格式种类繁多,课件制作中常用的视频格式有 AVI、MPEG 格式,其兼容性好,可轻松导入 Flash、PowerPoint 等软件中,同时也容易获得。网络中常见的视频有 RMVB、FLV 格式,因其画质好,文件压缩率高,适合网络传输。

1) AVI 格式

AVI 是音视频交错格式。所谓"音视频交错",就是可以将视频和音频交织在一起进行同步播放。这种视频格式的优点是图像质量好,可以跨多个平台使用,其缺点是体积过于庞大,而且更加糟糕的是压缩标准不统一,当然可以通过下载相应的解码器来解决。

2) MPEG 格式

MPEG 是运动图像专家组格式,DVD 就是这种格式。MPEG 文件格式是运动图像压缩算法的国际标准,它采用了有损压缩方法减少运动图像中的冗余信息,即对于相邻两幅画面来说,绝大多数是相同的,把后续图像中和前面图像有冗余的部分去除,从而达到压缩的目的(其最大压缩比可达到 200∶1)。目前 MPEG 格式有三个压缩标准,分别是 MPEG-1、MPEG-2 和 MPEG-4,另外,MPEG-7 与 MPEG-21 仍处在研发阶段。

3) RMVB 格式

RMVB 格式的前身为 RM 格式,它们是 Real Networks 公司所制订的音频视频压缩规范,根据不同的网络传输速率,而制订出不同的压缩比率,从而实现在低速率的网络上进行影像数据实时传送和播放,具有体积小、画质尚可的优点。

4) FLV 格式

FLV 是一种新的视频格式。由于它的文件极小、加载速度极快,使得网络观看视频文件能非常地流畅,它的出现有效地解决了视频文件导入 Flash 后,使导出的 SWF 文件体积庞大,不能在网络上很好地使用等缺点。

6.2　音频素材的采集与处理

音频素材的获取途径有很多,采集的方式也各有不同,对于已经获取的音频素材有时候也需要进行加工处理,以符合自己的使用需求。

6.2.1　音频素材的采集

音频素材的获取有多种方式,既可以从已有音频文件中选取,也可以自己录制。

1.网上下载音频素材

在互联网时代,从网上下载所需要的素材成为用户最常用的一种素材获取途径,音频素材也不例外,只是由于版权问题,部分素材无法从网上获得。这里以 QQ 音乐为例看看从网上怎么下载音频文件,其他音乐软件下载音频的方式与之类似。

[例]通过互联网下载音频文件"月光奏鸣曲",用作课件的背景音乐。

(1)打开 QQ 音乐播放软件,在顶端搜索栏中输入要搜索的音频名称"月光奏鸣曲",如图 6.1 所示,按回车键后会显示出所有与名字相符的音频文件。

图 6.1　搜索

（2）在音频文件列表中寻找到适合的音频文件，并单击"下载"按钮，在弹出的列表中选择需要下载的音频的品质（有些音频因为版权是无法下载的，在列表中寻找可以下载的音频文件即可），如图 6.2 所示，此时会在左侧列表的"本地和下载"旁看到下载标记，如图 6.3 所示，下载完成后，标记会消失。

图 6.2　音频列表

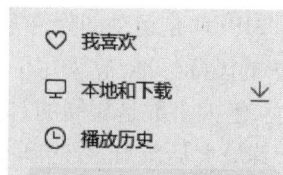

图 6.3　开始下载

（3）选择"本地和下载"，会看到正在下载和已经下载好的音频文件，在"本地歌曲"分类下找到下载的歌曲，并在歌曲上右击，在弹出的快捷菜单中选择"浏览本地文件"，此时会打开 Windows 窗口，将音频文件进行剪切或复制即可。

2.从 CD 中抓取音频素材

［例］从 CD 中提取音频文件。

（1）将 CD 音乐光盘放入光驱，在"开始"菜单→"所有程序"列表中找到"Windows Media Player"（即系统自带的播放器），并打开。

（2）在 Windows Media Player 左侧列表中选择光盘，然后在顶端单击"翻录 CD"按钮进入音频的提取，如图 6.4 所示，翻录过程中可随时通过"停止翻录"按钮来停止当前的翻录工作，同时，在界面最下方，播放按钮右侧也能看到翻录进度，如图 6.5 所示。

图 6.4　翻录 CD

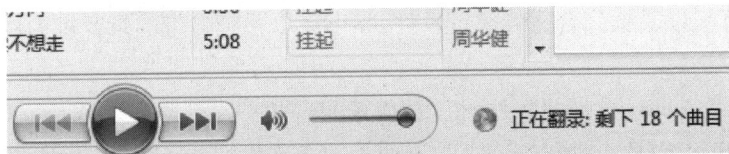

图 6.5　正在翻录

（3）翻录结束之后，打开用户文件夹（见图 6.6，作者的用户文件夹为 Administrator）就能看到提取的音频文件。

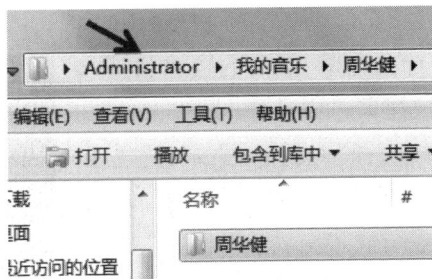

图 6.6　用户文件夹

（4）在翻录前，也可以选择"翻录设置"中的"格式化"和"音频质量"对翻录之后的文件格式和音频质量进行设置，如图 6.7 和图 6.8 所示。

图 6.7　格式化

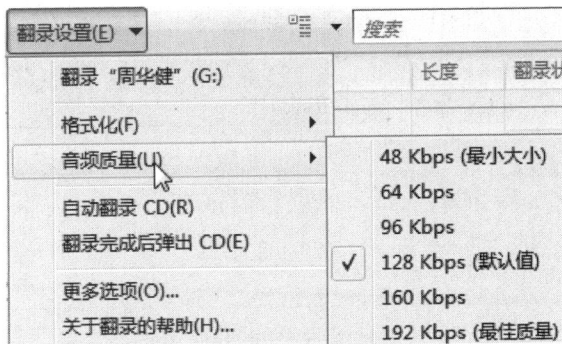

图 6.8　音频质量

3.录制音频素材

有些音频素材需要用户通过录音设备录入电脑中，在录制音频素材之前，需要准备音频输入设备（话筒），以及找到合适的录音软件，本书就以系统自带的录音机为例来讲解录制音频的方法。

[例]使用 Windows 自带的"录音机"软件录制音频。

（1）选择"开始"菜单→"所有程序"→"附件"→"录音机"，打开录音机软件，如图 6.9 所示。

图 6.9　录音机

（2）确认已经将话筒连接到电脑，然后右击 Windows 任务栏右侧的音量图标，在快捷菜单中选择"录音设备"，如图 6.10 所示，此时，会打开"声音"对话框的"录制"选项卡，选择"麦克风"，再在右下角单击"属性"按钮，如图 6.11 所示，打开"麦克风属性"对话框，选择"级别"选项卡，在"麦克风"分类下可以调整麦克风的音量大小，如图 6.12 所示，"麦克风加强"默认为 24 dB 就足够了。

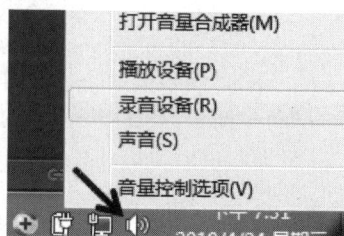

图 6.10　右击音量图标

图 6.11　"声音"对话框→"录制"选项卡

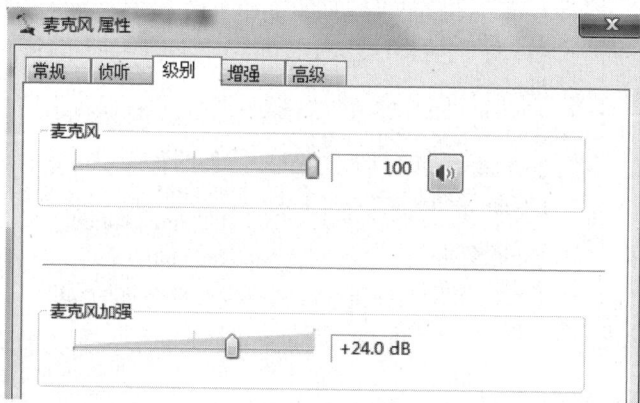

图 6.12　"麦克风 属性"对话框

（3）切换回到"录音机"软件，准备就绪后就可以单击"开始录制"按钮，录制过程中可以在软件界面上看到时间，录制完成后，单击"停止录制"按钮，此时会弹出"另存为"对话框，选择好保存的位置，并取好音频的名字，单击"保存"按钮即可。

值得注意的是，使用 Windows 自带的录音机录制音频虽然很便捷，但也有一些缺陷，如不方便回放、效果较差等，如果要录制比较专业的音频，可以使用后面将介绍的 Adobe Audition 工具来进行声音的编辑和录制。

6.2.2　音频素材的处理

对音频素材的处理最常用的软件就是 Adobe 公司出品的 Audition，Adobe Audition 是一个专业音频编辑和混合软件，原名为 Cool Edit Pro，其开发公司被 Adobe 公司收购后，更名为 Adobe Audition，Audition CS6 便是其中的一个版本。

Audition 专为广播、影视等领域工作的专业人员设计，可提供先进的音频混合、编辑、控制和效果处理功能。其最多能混合 128 个声道，可编辑单个音频文件，创建回路，还可使用 45 种以上的数字信号处理效果。Audition 是一个完善的多声道录音室，可提供灵活的工作流程并且使用简便。

1.认识 Adobe Audition CS6

启动 Adobe Audition CS6，在顶端"工作区"右侧的下拉式列表中选择"经典"，此时该软件的主界面如图 6.13 所示。其经典界面主要由"菜单栏""功能选项区""直面板区""轨道区""多种其他功能面板""工程状态栏"组成。

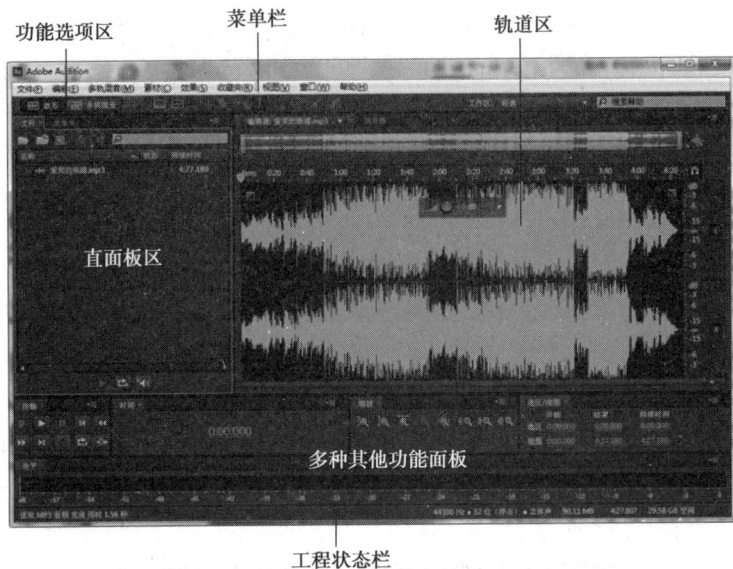

图 6.13　Audition CS6 的主界面

●菜单栏：主要显示软件常用的菜单命令，单击主菜单可以打开下拉菜单，其中黑色字体表示当前可用，灰色字体表示当前不可用。

● 功能选项区：在 CS6 这个版本中，该区域有两种工作模式供用户选择，其中"波形"按钮用于查看"波形编辑器"，该编辑状态主要用来对音频波形进行处理，如剪辑、复制、粘贴、特效、降噪、动态处理、滤波、变速、变调等；"多轨混音"按钮用于查看"多轨编辑器"，前提是要创建多轨音频文件，若没有多轨音频文件，单击此按钮等同于新建多轨音频文件，多轨混音是用来对音频波形进行合成的，如录音、添加其他的声音效果、多轨合成、音量和声相的包络线处理、插入音频、视频、直接提取视频中的音频、直接提取 CD 碟片中的音频等。

● 直面板区：该面板中包括"文件"面板、"效果夹"面板。在"文件"面板中可以看到导入的素材音频文件以及打开的多轨混音项目和音频文件；在"效果夹"面板中主要对音频文件添加效果。

● 轨道区：主要承载音频处理和 MIDI 音乐的轨道。其中，"编辑器"面板主要对音频文件的波形进行处理；"混音器"主要针对多轨混音效果进行调整。

● 多种其他功能面板：该区包含多种面板，如"传输""时间""缩放""选区/视图"以及"电平"面板等。选择不同的功能模式，出现的面板也会有所不同。

● 工程状态栏：显示各种正在编辑的音频文件的即时信息。

Audition 作为专业音频处理软件，可以录音，并且能实现多种音频格式的声音处理，如降噪、变速变调、滤波类、裁剪声音、多音轨的拼接等。然而，在课件制作中，往往只会使用其基本功能，下面将介绍 Audition 的基本用法。

2.截取音频

［例］将歌曲"爱笑的眼睛.mp3"的副歌部分截取出 40 s 的长度。

（1）执行"文件"菜单→"打开"命令，在弹出的对话框中找到歌曲"爱笑的眼睛.mp3"并打开，此时，会在"文件"面板中看到该歌曲，如图 6.14 所示，在"编辑器"面板中会看到歌曲的波形（若没有该面板，可以通过"窗口"菜单中的"编辑"选项调出）。

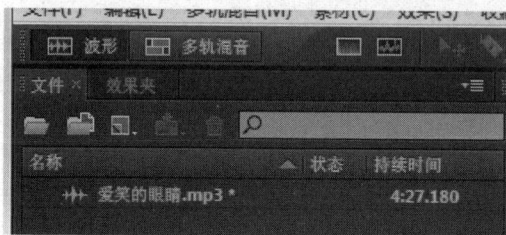

图 6.14 "文件"面板

（2）接下来需要找到副歌的起始部分。单击下方"时间"面板中的时间进入时间编辑状态，输入 1：22（即 1 分 22 秒，该处即是副歌部分的起始），如图 6.15 所示，此时，"编辑器"中的播放游标会定位到 1 分 22 秒处，执行"编辑"菜单→"标记"→"添加提示标记"命令，在该处添加一个标记，如图 6.16 所示。

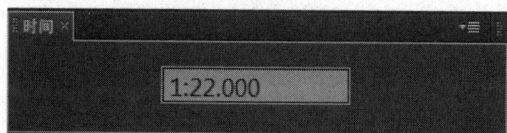

图 6.15 "时间"面板

图 6.16　添加标记

（3）然后是确定歌曲片段的结束部分。再次单击"时间"面板中的时间,输入 2:02(即将 1:22 往后推 40 s),此时播放游标会定位到 2 分 02 秒,执行"编辑"菜单→"标记"→"添加提示标记"命令,在此处添加一个标记。

（4）接下来需要选择标记好的这段 40 s 的音乐。在"编辑器"的波形上从第一个标记下方的虚线位置按住鼠标左键并拖动到第二个标记的虚线位置,此时会将中间 40 s 的音频都选中,如图 6.17 所示,被选中的音频部分会呈现与其他部分不一样的颜色。

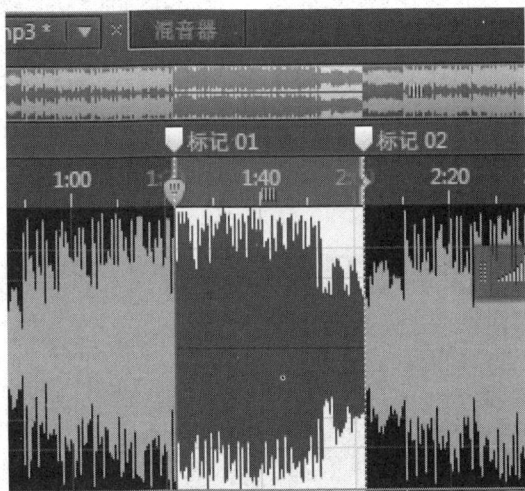

图 6.17　选中 40 s 音频

（5）在选中的音频上右击,选择"存储选区为⋯",在弹出的对话框中选择音频文件保存的位置,并修改名字为"爱笑的眼睛(40 s).mp3",单击"确定"按钮即可。

Audition 在截取音频时实际就是一个选择再保存的过程,只是在这个过程中有几点需要注意:

● 确定截取起始位置或结束位置时,可以通过界面左下角的"传输"面板(见图 6.18)进行播放试听,找到位置之后再单击"暂停"按钮,此时在"时间"面板中出现的时间就是当前暂停点的时间。当然有时也可以通过波形的高低和有无去判断。

图 6.18　"传输"面板

● 使用"标记"可以提高截取音频片段起始和结束时间的准确性,比较特别的是,如果起始位置是整个音频的开始,又或者结束位置是整个音频的末尾,则不需要在此处添加标记。

● 若想在一个音频中删除不需要的片段,则选中该片段后右击选择"删除"即可,完成所有删除后,执行"文件"菜单→"导出"→"文件⋯"命令进行保存,具体操作方法可以参考实验教材中的实例。

3.音频拼接

[例]将"爸爸去哪儿了.mp3"的前半段拼接到"好汉歌.mp3"的后半段上。

(1)单击"文件"面板下方的"打开文件"按钮,如图 6.19 所示,在弹出的对话框中选择"爸爸去哪儿了.mp3"和"好汉歌.mp3"并打开,此时两首歌都会在面板中出现。

(2)单击"功能选项区"的"多轨混音"按钮,如图 6.20 所示,弹出"新建多轨混音"对话框,为该混音项目起名为"音频拼接",选好文件的保存位置,采样频率设为"44 100 Hz",单击"确定"按钮。

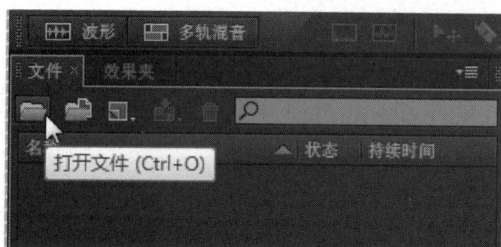

图 6.19　打开文件

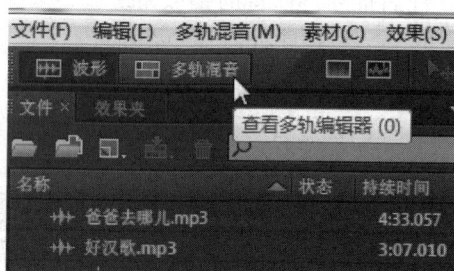

图 6.20　多轨混音

(3)将"文件"面板中的歌曲"爸爸去哪儿.mp3"拖动到"编辑器"面板的"轨道 1"上,放在最左侧,如图 6.21 所示。

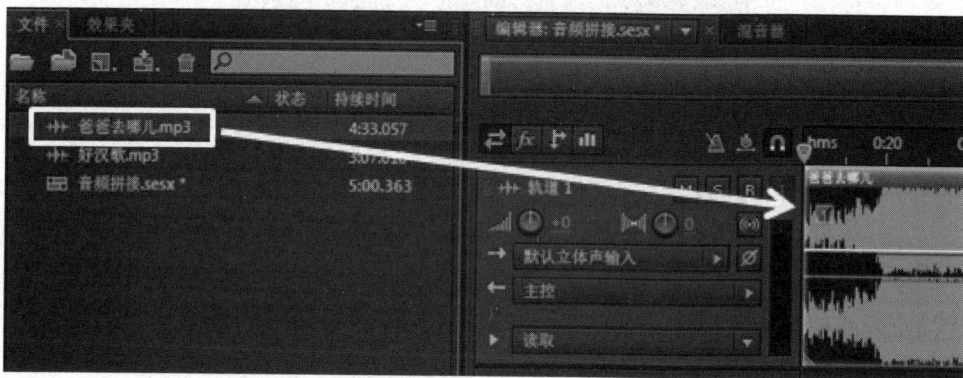

图 6.21　添加音频到轨道

(4)播放音乐到 0:09,单击"暂停"按钮(或者单击"时间"面板中的时间,输入 0:09),此时"编辑器"中的播放游标如图 6.22 所示。

图 6.22　时间 0:09 播放游标位置

（5）在顶端工具箱中选择"素材剃刀工具"，如图 6.23 所示，然后将鼠标移动到刚才定位的位置，使得"素材剃刀工具"的虚线和播放游标的红色竖线相重合，如图 6.24 所示，单击切断音频，在工具箱中选择"移动工具"，选中后半段音频，按"Delete"键删除。

素材剃刀工具

图 6.23　素材剃刀工具

（6）将"好汉歌.mp3"拖到"编辑器"的"轨道 2"上，如图 6.25所示，注意不要和"轨道 1"有声音的部分重合。

图 6.24　切断音频

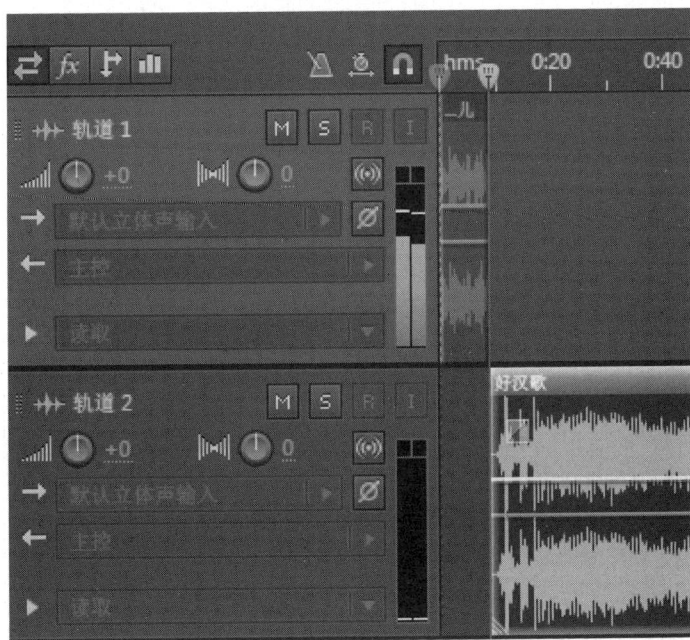

图 6.25　"好汉歌.mp3"添加到轨道 2

（7）重复刚才的步骤，播放好汉歌到开唱部分，使用"素材剃刀工具"切割，使用"移动工具"，选择前半段并删除，然后移动好汉歌的后半段，使其开始部分刚好与剪切之后的"爸爸去哪儿"的结束部分首尾相接。

（8）执行"文件"菜单→"导出"→"多轨缩混"→"完整混音"命令，打开"导出多轨缩混"对话框，如图 6.26 所示，在对话框中输入文件名，选择保存位置，音频格式选择为"MP3 音频"，再单击"确定"按钮即可，根据音频长度，需要一定的导出时间。

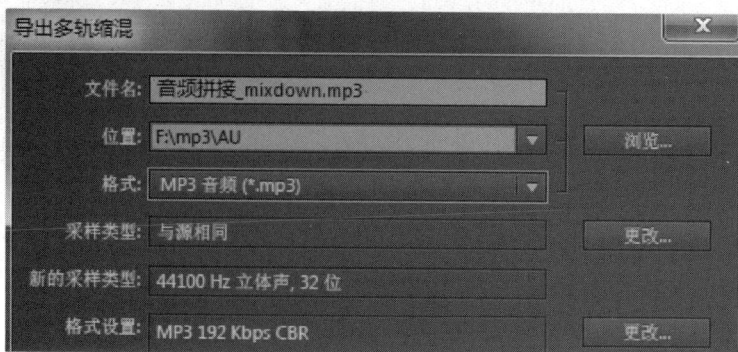

图 6.26　导出多轨缩混

多轨混音是 Audition 的第二种编辑模式，主要用于像本例一样的多个轨道的音频混合编辑，如果音频之间是首尾相接的播放方式，如本例这样摆放即可，甚至还可以将两个音频放到同一个轨道中，但如果有重叠，则需要分别放在不同的轨道中，将音频拖放到重叠位置。多轨混音文件的后缀名为 sesx，该类型文件不能直接用播放软件进行播放，需要导出成音频格式。

4.音频后期编辑处理

1）倒转

打开音乐之后，执行"效果"菜单→"前后反向"命令，可以把声波调节成为从后往前反向播放的特殊效果。

2）音量调节

执行"效果"菜单→"振幅与压限"→"增幅"命令，可以打开如图 6.27 所示的对话框，拖动游标或者输入左右声道杜比值可以调节声音大小，其中负数为降低，正数为增大。

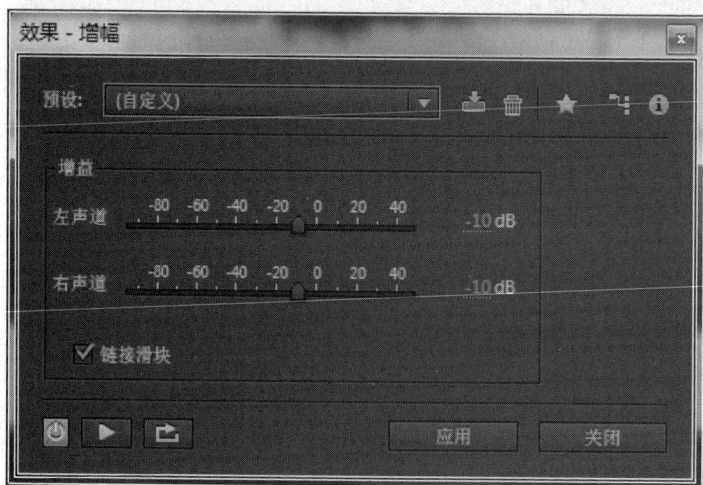

图 6.27　"效果-增幅"对话框

3）降噪处理

在录制声音的过程中即便保证了环境安静，可能还是会存在很多杂音，必须对音频进行降噪处理。

　　[例]使用 Adobe Audition CS6 对录制的音频进行降噪处理。

　　(1)执行"文件"→"打开"命令,将"降噪素材.mp3"打开。

　　(2)在"编辑器"中,拖动选择波形前段无音乐但有噪声部分作为噪声的样本,如图 6.28 所示。

　　(3)执行"效果"菜单→"降噪/恢复"→"降噪(处理)"命令,在打开的对话框中依次单击"捕捉噪声样本""选择完整文件",如图 6.29 所示,然后单击"应用"按钮。

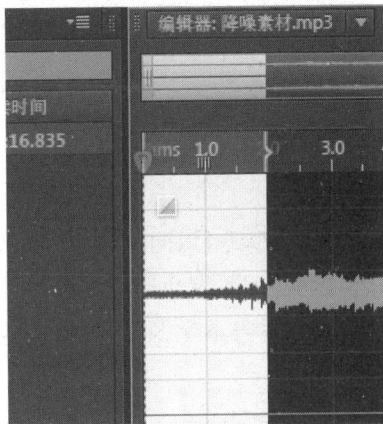

图 6.28　选择噪声样本

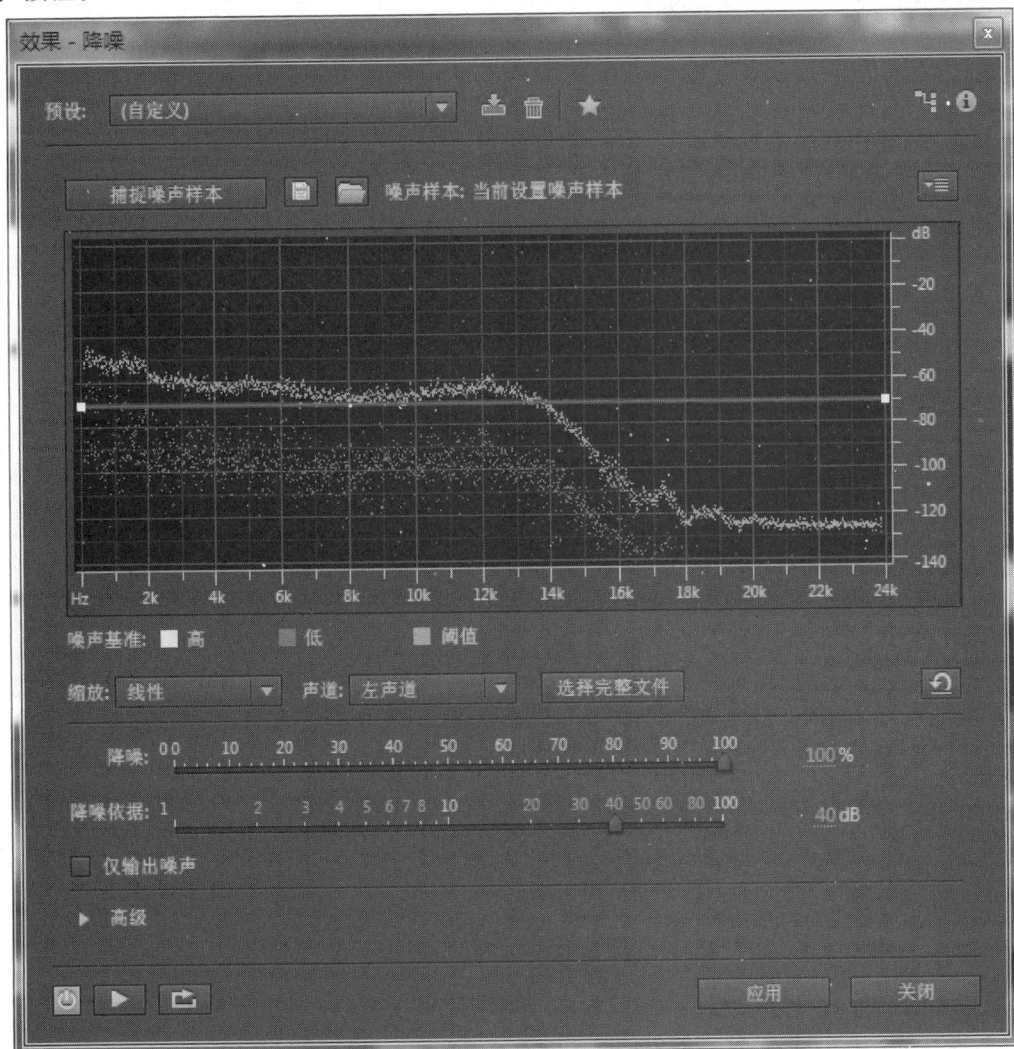

图 6.29　效果-降噪

（4）选取波形前段无声的部分，在选中的波形上右击，选择"删除"命令，删除多余的无声部分。

6.3 视频素材的采集与处理

数字化视频可以同时包含画面和声音，也可以只包含画面，而不包含声音。视频的画面可以包含文字、图像和活动影像，并且主要表现这些视觉对象的动态效果。视频不具有交互性，因此，它本身不是多媒体，而是多媒体的一种素材形式。

6.3.1 视频素材的采集

视频素材的采集主要是通过网络下载和自己录制，网络下载因为版权问题会受到很多限制，并不是所有的视频都能下载。下面就以爱奇艺播放器为例讲解视频的下载方法。

［例］从爱奇艺上下载"过马路的安全"视频。

（1）下载并安装爱奇艺播放器，安装完成后打开爱奇艺播放器。

（2）在顶端搜索栏中输入"过马路的安全"，并单击"搜索"按钮，在列表中找到需要的视频并播放。

（3）在播放窗口的右上角单击"下载"按钮，如图6.30所示，打开"下载"对话框，选择要下载视频的清晰度，以及保存的位置，然后单击"下载"按钮即可。

图6.30 下载按钮

（4）根据视频时间长短以及网速，所需的下载时间各不相同，如果想查看下载进度，可以单击界面左上角的"下载"按钮，如图6.31所示，进入下载栏查看。

图6.31 下载进度查看

6.3.2 视频素材的处理

视频处理的软件非常多，从专业的 Adobe Premiere 到家用的绘声绘影，以及大众常用的爱剪辑，甚至连 Windows 操作系统都自带有视频编辑软件 Movie Maker。作为现代教育技术的辅助工具,Camtasia Studio 成为众多教师制作微课视频的首选。

Camtasia Studio 是 Tech Smith 旗下的一套专业屏幕录像软件,同时包含 Camtasia 录像器、Camtasia Studio(编辑器)、Camtasia 菜单制作器、Camtasia 剧场、Camtasia 播放器和 Screencast 的内置功能。它能在任何颜色模式下轻松地记录屏幕动作,包括影像、音效、鼠标移动轨迹、解说声音等,另外,它还具有即时播放和编辑压缩的功能,可对视频片段进行剪接、添加转场效果。它输出的文件格式也有很多种,包括 MP4、AVI、WMV、M4V、CAMV、MOV、RM、GIF 动画等多种常见格式。本书就使用 Camtasia studio 来讲解视频处理的方法。

1.认识 Camtasia Studio

打开 Camtasia Studio 可以看到如图 6.32 所示的界面,主要有"菜单栏""功能区""预览区""工具区""轨道区"。

图 6.32　Camtasia Studio 界面

● 菜单栏:主要显示软件常用的菜单命令,单击主菜单可以打开下拉菜单,其中黑色字体表示当前可用,灰色字体表示当前不可用。

● 功能区:该区域上方有三个按钮,分别是"录制屏幕""导入媒体""制作和分享",下方带有预览框的选项卡分别为"剪辑箱""库""标注""变焦""更多"等常用的编辑功能。

● 预览区:主要是对素材或者轨道中编辑的内容进行预览的地方。

● 工具区:主要是一些编辑过程中的常用工具,如撤销、恢复、剪切、复制、粘贴、分割等。

● 轨道区:主要的编辑区域,在该区域中可以进行视频的编辑,默认有两个轨道,也可以单击"+"按钮添加新的轨道,轨道区的播放游标可以决定播放的起始位置。

2.添加素材

想要编辑视频，需要先将视频素材和一些编辑中会用到的其他素材导入剪辑箱中，只需要单击功能区中的"导入媒体"按钮，如图6.33所示，在弹出的对话框中找到自己的素材打开即可，导入的素材会以分类的方式显示在"剪辑箱"中。

图6.33　导入媒体

3.视频的裁剪

"分割"工具用于将一段视频切成两段。具体操作方法如下：

单击功能区上的"导入媒体"按钮，将要处理的视频素材添加进"剪辑箱"中，然后从"剪辑箱"中将视频拖动到轨道区的轨道中，通过播放和暂停按钮使视频读头停留在要分割的地方，选中轨道里的视频素材，单击"分割"按钮即可，如图6.34所示。

图6.34　分割视频

4.添加片头

Camtasia中的视频片头可以通过"库"中的"Theme"（即主题）来添加。单击功能区中的"库"按钮，会看到软件自带的音乐和片头列表，开头为"Theme"的文件夹就包含有片头。下面通过一个实例来讲解片头的添加方法。

［例］制作一个片头，使用主题"Theme-Main Event"。

（1）单击功能区中的"库"按钮，在出现的列表中找到"Theme-Main Event"，单击"+"，将"Animated Title"拖入"轨道1"中，如图6.35所示，将其放置在最开始处，此时在"预览区"中播放会看到片头的内容。

图6.35　拖入片头

（2）单击"轨道 1"上片头前面的"+"，此时片头视频会分成上下两层，上层为"文字"，下层为"视频"，双击"文字"层进入文字的编辑，如图 6.36 所示，输入"重庆人文科技学院"，按回车键在下一行输入自己所在学院的名称，调整好字体、大小、颜色和字形，再单击"-"收起片头。

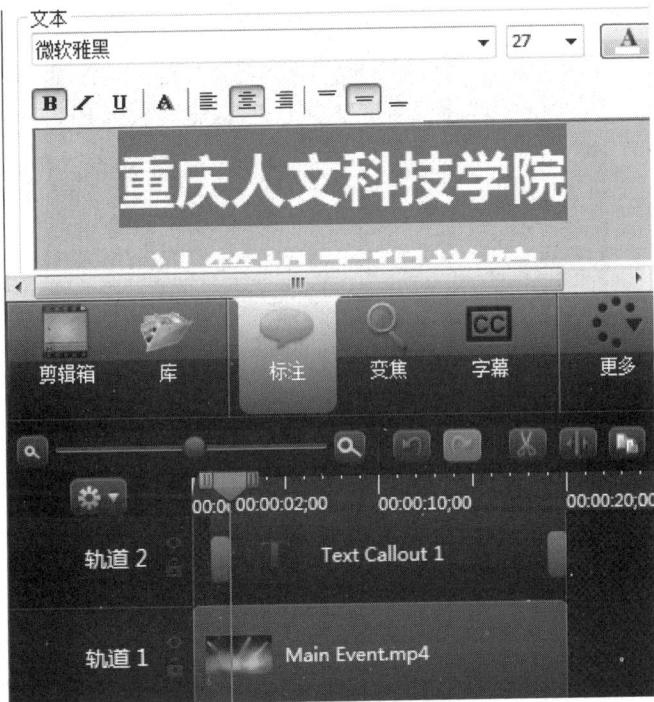

图 6.36　输入标题

（3）片头的默认播放时间比较长，鼠标移动到"轨道 1"片头的右侧，出现双向箭头的时候按住左键拖动以缩短片头的时间长度，缩减为约 5 s 即可。

（4）再次单击"库"按钮，将"Theme-Main Event"下的"Basic Title"拖入"轨道 1"接在片头的后面，然后双击"Basic Title"进入小标题的添加，输入当前视频的内容标题，如《静夜思》赏析　主讲人：张珊"，如图 6.37 所示，调整好文字属性，片头就制作好了。

图 6.37　输入标题

（5）再次单击"库"按钮，在列表中找到"Music-Aurin Bee"，单击"+"后，将"Short"音频拖动到"轨道2"，将视频播放头移动到片头结束的位置，如图6.38所示，选中"轨道2"的音频，单击"分割"按钮，将音频分成两段，选中后面一段，按"Delete"键删除，执行"播放"菜单→"从开始播放"命令观看视频吧。

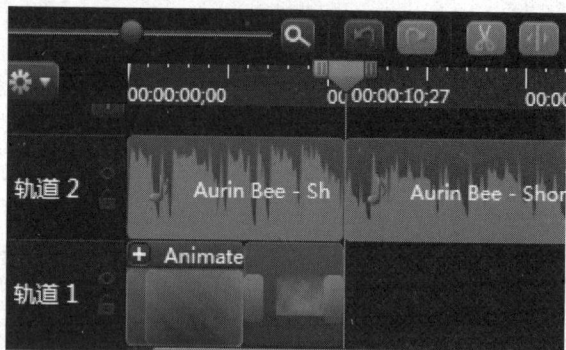

图6.38　分割音频

Camtasia的同一个主题下有很多细节，除了本例中用到的片头和小标题以外，还有很多相同风格的其他类似文本框的小框可以使用到视频中。

5.添加转场效果

单击功能区中的"转场"按钮（若没有可在"更多"列表中选择），拖动转场效果到视频上即可，值得注意的是，转场效果如果加在一段视频的开始，就是入场效果；如果加在一段视频的末尾，就是消失的效果。

在Camtasia中添加转场效果有两种做法。第一种是让a段视频和b段视频首尾相接，然后将转场效果添加在a段的末尾或者b段的开头又或者a段的末尾和b段的开头都添加转场效果，如图6.39所示。

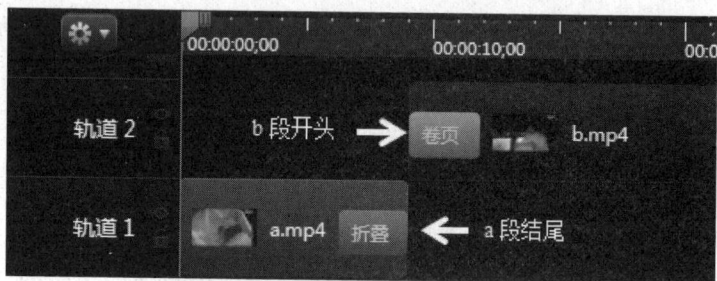

图6.39　添加转场效果

第二种做法是相叠，也就是a、b两段有重合的部分，要求在前面播放的转场效果放在上方轨道，在后面播放的转场效果放在下方轨道，下面通过一个实例来讲解第二种转场效果的制作。

［例］为a、b两段视频制作转场效果。

（1）单击"导入媒体"按钮，在打开的对话框中找到素材a.mp4和b.mp4，选择并打开它们，如图6.40所示。

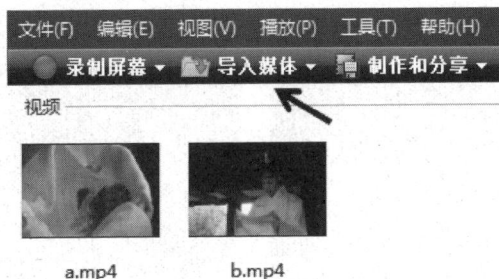

图 6.40　导入媒体

（2）将 a.mp4 拖到"轨道 2"，并靠在最前面，将 b.mp4 拖到"轨道 1"，使 b 段的开头部分和 a 段的末尾部分大概 2 s 的长度相重合，如图 6.41 所示。

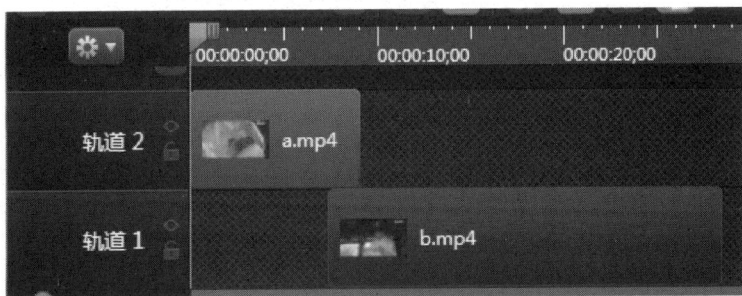

图 6.41　a 段和 b 段首尾重合

（3）选择"转场"选项卡，将效果"径向模糊"拖动到 a 段的末尾，并调整转场效果的长度，使其左侧开始的地方与 b 段开始的地方重合，如图 6.42 所示，然后执行"播放"菜单→"从开始播放"命令看看效果吧。

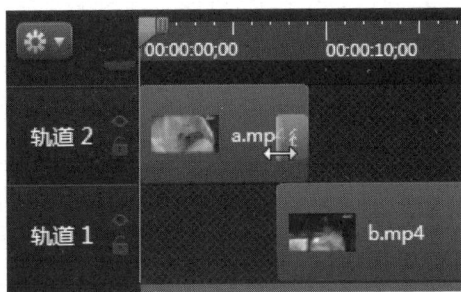

图 6.42　a 段到 b 段转场

在制作过程中，除了可以使用"播放"菜单中的选项来播放以外，还可以通过拖动轨道区的视频读头来确认播放的起始位置，视频读头如图 6.43（a）所示，可以直接将读头拖到播放的起始位置，然后单击预览区的"播放"按钮进行播放，也可以如图 6.43（b）所示，将读头右侧的红色标记拖到要播放的视频段的结束位置，把绿色标记拖到该视频段的开始位置，单击"播放"按钮来播放视频（双击中间的读头可以快速召唤回红色和绿色的游标）。

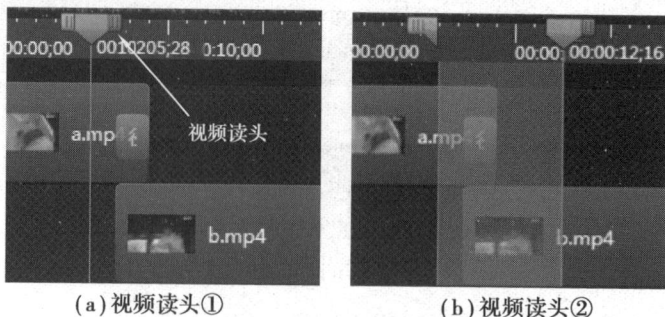

(a)视频读头①　　　　　　(b)视频读头②

图 6.43　视频读头

值得注意的是,在添加好的转场效果上右击,选择"删除",可以去除该效果。

6.录制屏幕

对于一些计算机操作类的知识,或者要通过计算机画面讲解的内容,用户都可以将在计算机中的操作过程录制下来,作为教程,这就是"录制屏幕"。

单击功能区中的"录制屏幕"按钮,原本的软件界面会被最小化,然后出现一个新的界面,如图 6.44 所示,红色的"rec"按钮用于开始录制,单击该按钮后会有 3 s 的倒计时,之后才会开始录制,录制过程中可以随时按"F10"键结束录制。

图 6.44　录制屏幕

1)选择区域

选择区域用于设置录制视频的长宽比例,可以选择"全屏幕"(即将所录制计算机的分辨率作为尺寸),也可以选择自定义大小,列表中有候选项,如图 6.45 所示,也可以在尺寸文本框中输入大小,需要注意的是,在设置这里的长宽比例之前需要清楚了解整个视频所用的长宽比例,然后再填写合适的大小。

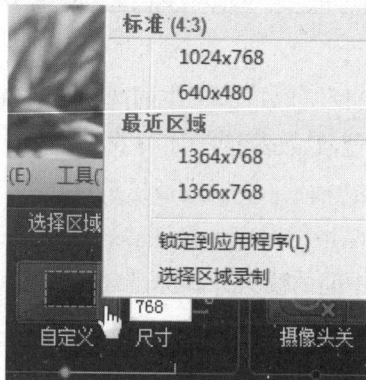

图 6.45　自定义视频尺寸

2）录制输入

录制的输入主要是摄像头拍摄的画面和音频,摄像头默认是关闭的,单击摄像头按钮即可开启;音频分两部分,一个是系统的声音,一个是麦克风的声音,可以在如图 6.46 所示的菜单中进行选择。

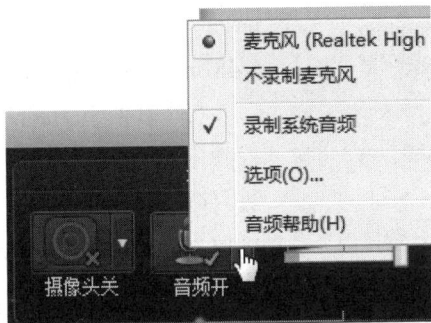

图 6.46　录制输入

按"F10"键结束录制后,会自动弹出"预览"窗口,窗口右下角有三个选择:第一,"保存并编辑",用于将录制的视频保存起来并放入"剪辑箱"进行下一步的编辑;第二,"生成",用于直接生成可播放使用的视频文件;第三,"删除",删除当前录制的视频。

7.添加字幕

单击功能区中的"更多"按钮,在列表中选择"字幕",可以进行视频字幕的添加。字幕的添加有逐句添加和多句批量添加两种方法。

1）逐句添加

将视频播放到文字出现的位置,在"字幕"功能区中输入文字内容,在顶端的"全局设置"中可以修改文字的字体、大小、颜色等属性,如图 6.47 所示。

图 6.47　添加字幕

添加完毕后,轨道中会出现当前添加的字幕,如果默认的字幕播放时间超过实际所需的时间,可以用"分割"工具将多余的时间切掉。

2）多句批量添加

[例]为"青花瓷 MV"添加歌词字幕。

(1)单击"导入媒体"按钮将"青花瓷 MV"加入"剪辑箱",然后将"剪辑箱"中的 MV 视频素材拖入"轨道1",并将其起始位置对齐到最开始处。

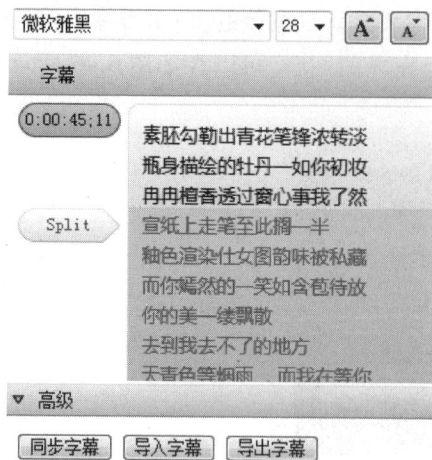

图 6.48　粘贴全部歌词

（2）单击功能区中的"更多"按钮打开列表，选择"字幕"打开"字幕"功能区，选择字体为"微软雅黑"，大小为 28 磅，然后单击下方的"Click to paste script…"将所有歌词粘贴进来，效果如图 6.48所示，并且在"轨道 2"中会出现歌词的轨道。

（3）单击下方的"同步字幕"按钮，会有提示框弹出，单击"continue"按钮，视频会从头开始播放，仔细听歌曲，当第一句的第一个字唱出来的时候单击歌词中第一句的第一个字（"素"），当唱到第二句的时候，单击"瓶"字，跟着歌曲，每一次只需要提前 1 s 单击该句的第一个字即可，在整个过程中可以随时单击歌词左下角的"暂停"和"停止"按钮。

（4）每句歌词都单击确定后，歌词就添加完成了，"字幕"功能区如图 6.49 所示，轨道如图6.50所示，将播放读头移动到最后一句歌词结束的位置，单击"暂停"按钮，鼠标移动到"轨道 2"中歌词结束的地方，出现双向箭头的时候按住左键向左拖动，直到和播放读头重合，最后一句字幕的结束时间就确定好了。

图 6.49　完成后的字幕

图 6.50　完成后的轨道区

值得注意的是，不管添加字幕还是添加其他的素材，上方轨道的内容会遮挡下方轨道相应位置的内容。

8.添加测验

具有测验功能是 Camtasia 成为流行的微课制作软件的又一个原因,单击"功能区"中的"更多"按钮,可以选择"测验",此时轨道区的时间刻度上方会出现一个"测验区",将播放读头放到要做测验的地方,如末尾,单击"测验"功能区上的"添加测验"按钮,即可添加一个测验。

"测验"功能区分"测验选项""问题选项""答案"三个部分。

●测验选项:用于问题的添加和删除,此处的列表中列出的是问题,可以单击"添加问题"按钮添加新的问题,也可以在问题上右击选择"删除"或者"移动顺序"。

●问题选项:用于确定"测验选项"中列出的问题的具体类型和内容,具体操作方法如下:先选择"测验选项"中的第一个问题,然后在"问题选项"中选择该题的具体类型,然后在"问题"下面的文本框中输入问题的具体内容,如图 6.51 所示。

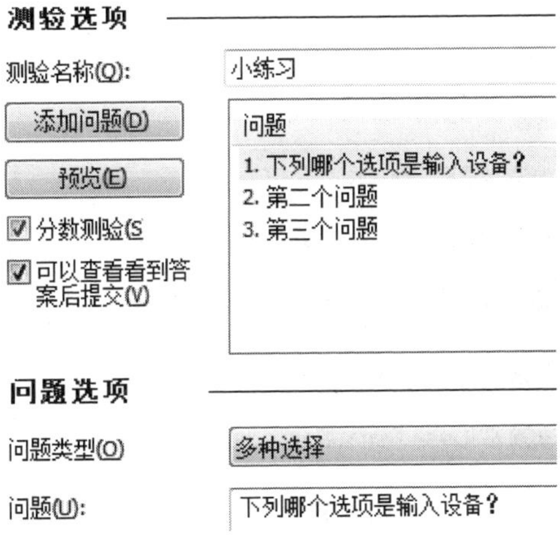

图 6.51　测验

●答案:用于给出当前在"测验选项"中选择的问题的答案,如选择题,则下面给出如图6.52 所示的选项,前面打钩的是正确答案。

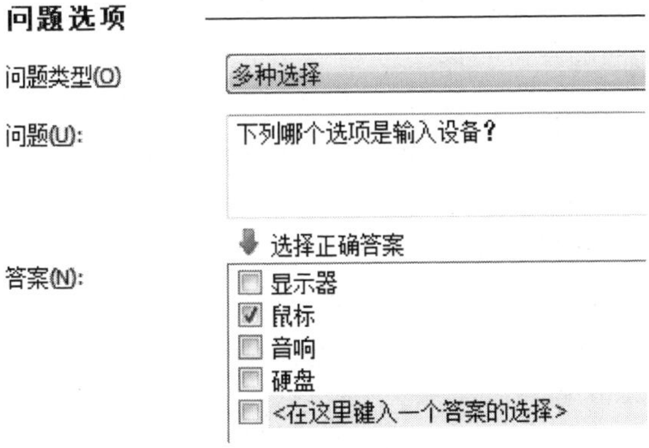

图 6.52　答案

9.其他功能

除了介绍的这些功能以外,Camtasia 还有很多其他的功能,如功能区的"语音旁白"用于添加语音的旁白或者配音,"标注"用于添加指示性的标记,类似于文本框,可以写字等,大家可以在制作视频的过程中慢慢去摸索其他的功能。

10.视频导出

视频制作好后可以单击功能区的"制作和分享"按钮导出成可以在其他媒体播放的视频文件。

单击"制作和分享"按钮,打开"生成向导"对话框,在下拉式列表中可以直接选择 MP4 类型,如图 6.53 所示,选择如 480 p、720 p、1 080 p 等参数后,因为分辨率和扫描方式不同,视频生成之后的效果也会有所不同。

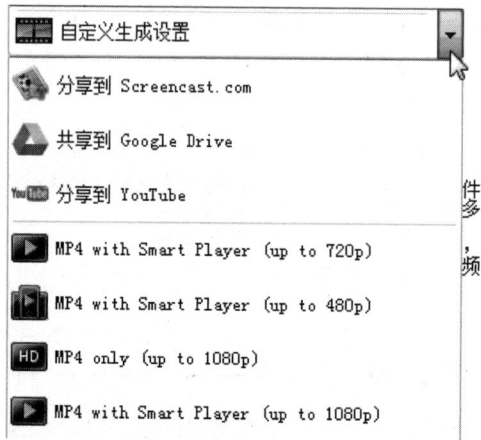

图 6.53 导出列表

当然也可以选择"自定义生成设置",之后会看到更多的视频格式,包括 WMV、MOV、AVI 等,如图 6.54 所示,以 MP4 为例,再次单击"下一步"按钮会进入"智能播放器"选项,可以对播放器的有无、大小等进行设置,选择好后,单击两次"下一步"按钮进入最后的文件名和生成位置的选择,设置好后单击"完成"按钮会进入视频渲染阶段,该阶段根据视频本身的情况和电脑的配置有不同的等待时长。

图 6.54 视频格式列表

思考与练习

1.简述音频的采样频率。

2.详细描述调整麦克风声音大小的方法。

3.简述在 Camtasia 中添加测验的步骤。

4.写出至少四种视频格式。

5.简述 1 080 p 视频和 720 p 视频的区别。

第7章　课堂演示文稿的制作与优化设计

7.1　PowerPoint 2010 基础知识

PowerPoint 2010 主要用于制作和播放多媒体演示文稿,由它创作出的演示文稿可以集文字、图形、图像、声音以及视频等多媒体元素于一体。本章将学习演示文稿、幻灯片的基本操作,完成幻灯片内容的编辑后,可通过设置背景、应用主题等方式来美化幻灯片,以达到赏心悦目的效果。此外,为了增强幻灯片的趣味性,可通过设置动画效果让幻灯片中的各种对象"动"起来。

7.1.1　PowerPoint 2010 的启动与退出

PowerPoint 2010 是 Microsoft Office 2010 的组件之一,是一款用来制作演示文稿的软件。一个 PowerPoint 文件就称为一份演示文稿,演示文稿名就是文件名,其扩展名为.pptx。幻灯片是指由用户创建和编辑的每一张演示单页,是演示文稿的一种表现形式。一个演示文稿由若干张幻灯片组成。对象是构成幻灯片的基本元素。加入幻灯片中的文字、图片、表格甚至视频等都称为对象。

1.启动 PowerPoint 2010

启动 PowerPoint 2010 的方法如下:

方法一:执行"开始"→"所有程序"→"Microsoft office"→"PowerPoint 2010"命令启动 PowerPoint 2010。如图 7.1 所示。

方法二:双击已有的 PowerPoint 2010 文件图标来启动 PowerPoint 2010。

2.退出 PowerPoint 2010

关闭演示文稿有以下几种方法:

● 双击文档窗口左上角的"关闭"按钮。

图 7.1　启动 PPT 2010

- 单击"文件"选项,选择"关闭"命令。
- 单击文件窗口右上角的"关闭"按钮。
- 按快捷键"Alt+F4"。
- 按快捷键"Ctrl+W"。

7.1.2　PowerPoint 2010 的功能升级

1.更强大的图片以及视频处理功能

通过 PowerPoint 2010 新增和改进的图片编辑功能(如颜色饱和度和色温、亮度和对比度以及高级剪裁工具)以及艺术过滤器(如虚化、画笔和水印),可以使图像产生引人注目并且赏心悦目的视觉效果,如图 7.2 所示。

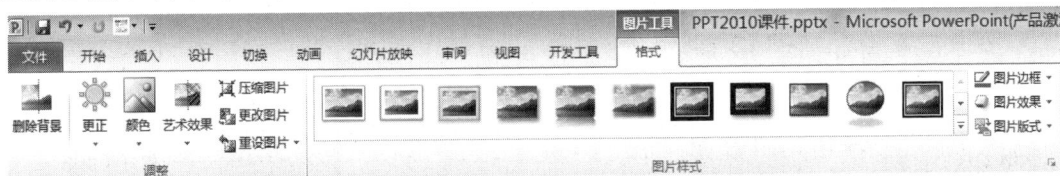

图 7.2　图片处理功能

PowerPoint 2010 对视频处理的功能进行了加强,让用户可以更方便地插入并处理本地视频或网络视频。流行的视频格式几乎都可以直接插入 PPT 文档中。在将视频插入 PowerPoint 2010 演示文稿中时,这些视频即已成为演示文稿文件的一部分。在移动演示文稿时不会再出现视频文件丢失的情况。用户除了可以修剪视频,还可以在视频中添加同步的重叠文本、标牌框架、书签和淡化效果。此外,用户也可以对视频应用边框、阴影、反射、辉光、柔化边缘、三维旋转、棱台和其他设计器效果。PowerPoint 2010 对插入的视频提供了媒体播放进度条与播放按钮,解决了旧版中无法拖动定位播放与容易将视频页面误认为是图片的问题。

2.新增了"节"的概念

用户可以使用多个节来组织大型幻灯片版面,如图 7.3 所示。此外,通过对幻灯片进行标记并将其分为多个节,用户可以与他人协作创建演示文稿。用户可以命名和打印整个节,也可将效果应用于整个节。将一个演示文稿分为多个逻辑幻灯片组,重命名幻灯片节可以帮助用户管理内容(如为特定作者分配幻灯片),或者只打印一个幻灯片节。

3.演示文稿直接保存为视频格式

PowerPoint 2010 增加了保存演示文稿为 Windows Media 视频格式的功能。制作好 PPT 演示文稿后,选择"文件"选项下的"另存为"命令,打开"另存为"对话框,选择保存类型为"Windows Media 视频",同时设置好保存位置与文件名称,单

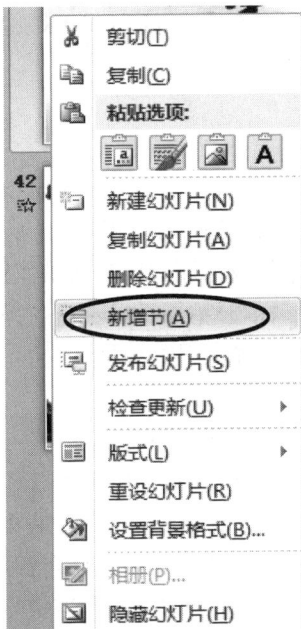

图 7.3　新增"节"

击"保存"按钮即可将演示文稿输出为 WMV 格式的视频。转换过程的快慢由 PPT 演示文稿的大小和动画的复杂程度等决定,比使用第三方软件转换要快而且效果更好,还不会丢失动画效果。

7.1.3　PowerPoint 2010 的窗口简介

启动 PowerPoint 2010 后,默认处在普通视图下,窗口界面如图 7.4 所示。其基本组成包括:"文件"按钮、快速启动工具栏、标题栏、功能区、大纲/幻灯片浏览窗格、幻灯片窗格、备注窗格、状态栏、视图切换区、比例缩放区等。

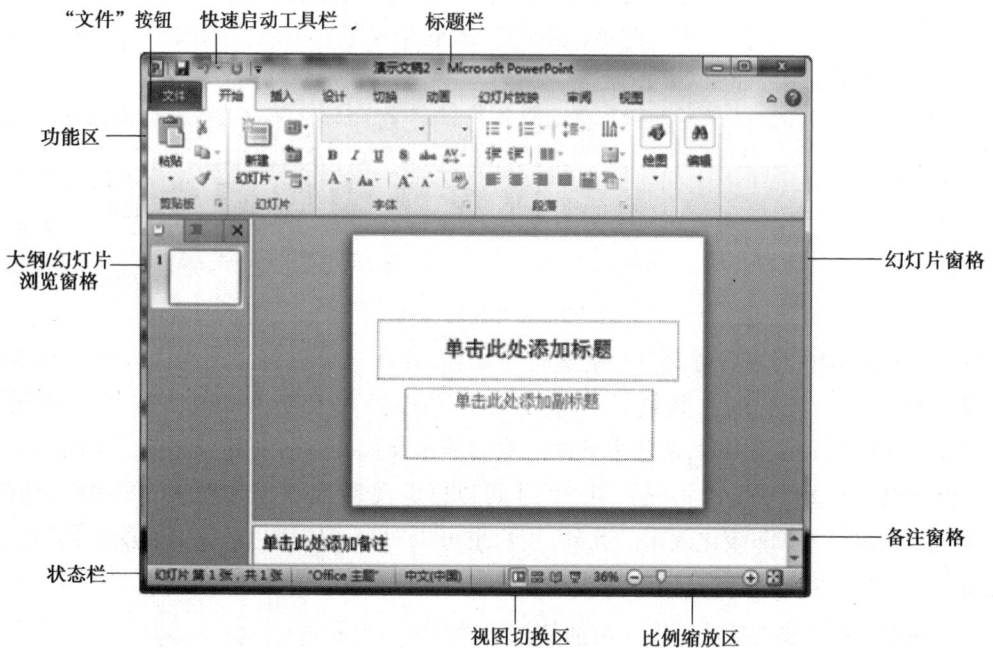

图 7.4　PowerPoint 2010 窗口组成

"文件"按钮:用于完成文件的新建、存储、加密、选项设置等操作。

快速启动工具栏:用于完成演示文稿的快速打开、新建、保存等操作。可以根据实际需要添加或者删除对应的操作按钮。

标题栏:用于显示当前操作的文档的名称。

功能区:用于对象的插入、幻灯片动画效果的设置、幻灯片播放的设置、幻灯片内容和版式的设计等。

大纲/幻灯片浏览窗格:显示演示文稿中的标题和正文。

幻灯片窗格:用于幻灯片内容的编辑。

备注窗格:可以为演示文稿创建备注页,写入幻灯片中没有列出的内容,并可以在演示文稿的放映过程中进行查看。

状态栏:用于显示当前的页码以及总的幻灯片页数。

视图切换区:用于快速切换不同的视图方式。

比例缩放区:用于调整幻灯片的显示比例。

7.1.4　PowerPoint 2010 的视图模式

视图是演示文稿在计算机屏幕中的显示方式,在 PowerPoint 2010 中有 5 种视图,分别是普通视图、幻灯片浏览、备注页、阅读视图和幻灯片放映视图,选择"视图"选项卡,在"演示文稿视图"组中可以选择其中的四种视图模式,如图 7.5 所示,或者通过视图切换按钮实现不同视图模式的切换。

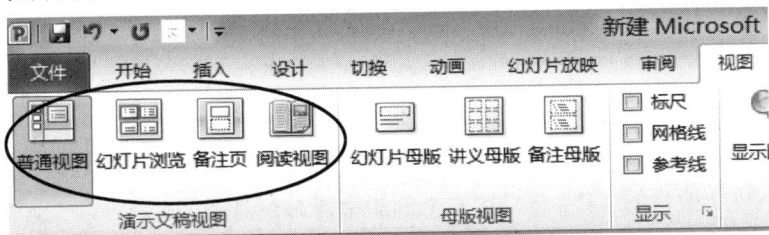

图 7.5　幻灯片的视图选择

普通视图:当启动 PowerPoint 2010 并创建一个新的演示文稿时,通常会直接进入普通视图中,这是 PowerPoint 2010 默认的视图模式。集大纲、幻灯片、备注页 3 种模式为一体,使用户既能全面考虑演示文稿的结构,又能方便地编辑单张幻灯片的细节,可以在其中输入、编辑和格式化文字,管理幻灯片以及输入备注信息。

幻灯片浏览视图:在该视图中,能够看到整个演示文稿的外观,可以对演示文稿进行编辑,适合于添加或删除幻灯片、移动幻灯片位置、调整幻灯片的顺序、复制幻灯片、改变幻灯片的背景设计等操作。

备注页视图:在一个典型的备注页视图中,可以看到在幻灯片图像的下方带有备注页方框。用户可以打印一份备注页作为参考,也可以对备注内容进行编辑。

阅读视图:适合于在屏幕上阅读文档,不显示"文件"按钮、功能区等窗口元素。

幻灯片放映视图:能以动态形式显示演示文稿中的各张幻灯片。创建演示文稿时,可通过放映幻灯片来预览演示文稿,若对放映效果不满意,可按"Esc"键退出放映,然后进行修改。

7.1.5　PowerPoint 课件的基本元素

对象是构成幻灯片的基本元素。可以加入幻灯片中的文字、图片、表格、音频甚至视频、动画等都称为对象。可以插入 PPT 的元素如图 7.6 所示。

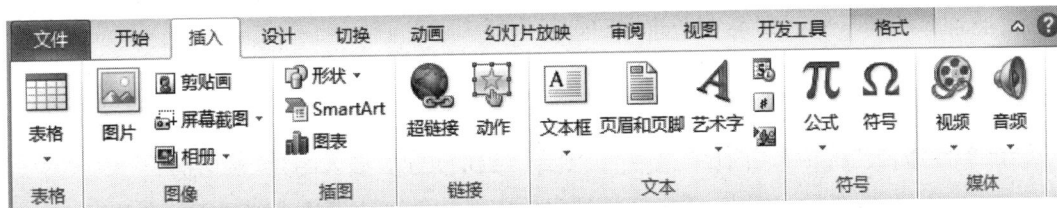

图 7.6　可以插入 PPT 的元素

1.在幻灯片中插入文字

幻灯片中插入文字的方法,大致分为两种:利用占位符输入文字和通过文本框输入文字。

1)在占位符中输入文字

向幻灯片中添加文字的最简单方式是:直接将文字输入到幻灯片的占位符中。当打开一个空白演示文稿时,系统会自动插入一张标题幻灯片。在该幻灯片中,共有两个虚线框,这两个虚线框称为占位符,占位符中显示"单击此处添加标题"和"单击此处添加副标题"的字样。

2)使用文本框输入文字

要在占位符之外的其他位置输入文字,可以在幻灯片中插入文本框。

要添加不自动换行的文本,可以按照下列步骤进行操作:

①单击"插入"选项卡"文本"组中的"文本框"按钮,在弹出的下拉菜单中选择"横排文本框"命令。

②单击要添加文字的位置,即可开始输入文字。在输入文字的过程中,文本框的宽度会自动增大,但是文字并不自动换行。

③输入完毕后,单击文本框之外的任意位置即可。

要添加自动换行的文本,则要单击"插入"选项卡"文本"组中的"文本框"按钮,在弹出的下拉菜单中选择"横排文本框"命令,将鼠标指针移到要添加文本框的位置,按住鼠标左键拖动来设置文本框的大小,然后在文本框中输入文字,当输入到文本框的右边界时文字会自动换行。

2.在幻灯片中插入剪贴画和图片

插入剪贴画的操作步骤如下:

①选中要插入剪贴画的幻灯片。

②单击"插入"选项卡"插图"组中的"剪贴画"按钮,出现"剪贴画"任务窗格。

③在"搜索文字"框中输入要插入的剪贴画的说明文字,然后单击"搜索"按钮,即可显示搜索结果。

④ 单击要插入的剪贴画,将剪贴画插入到幻灯片中。对于插入的剪贴画,还可以利用"图片工具—格式"选项卡下的工具,快速设置图片的格式。

另一种插入剪贴画的方法是:新建一张带有内容占位符的幻灯片,然后单击内容占位符上的"插入剪贴画"图标,即可在新建的幻灯片中插入剪贴画。

向幻灯片中插入图片的操作步骤如下:

①在普通视图中,选中要插入图片的幻灯片。

②单击"插入"选项卡"图像"组中的"图片"按钮,出现"插入图片"对话框。

③找到图片所在的文件夹,单击文件列表框中的文件名或者单击要插入的图片。

④单击"插入"按钮,将图片插入到幻灯片中。

3.插入图表和表格

插入图表的操作步骤如下：

①单击内容占位符上的"插入图表"按钮，或者单击"插入"选项卡"插图"组中的"图表"按钮，将出现"插入图表"对话框。

②从左侧的列表框中选择图表类型，如选择"条形图"，然后在列表中选择子类型，如"簇状条形图"，单击"确定"按钮。

③此时系统将自动启动 Excel，让用户在工作表的单元格中直接输入数据，如图 7.7 所示，如果更改了工作表中的数据，PowerPoint 的图表将自动更新。

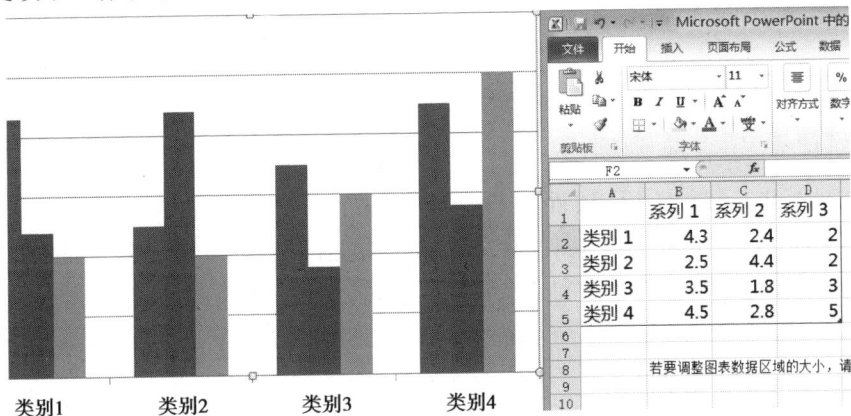

图 7.7　插入图表

④ 输入数据后，可以单击 Excel 窗口右上角的"关闭"按钮，再单击 PowerPoint 窗口右上角的"最大化"按钮。

用户还可以利用"图表工具—设计"选项卡中的"图表布局"工具与"图表样式"工具快速设置图表的格式。

在 PowerPoint 中插入表格的操作与 Word 类似，操作步骤如下：

①单击内容占位符上的"插入表格"按钮，出现"插入表格"对话框。

②在"列数"框中输入需要的列数，在"行数"框中输入需要的行数。

③单击"确定"按钮，将表格插入到幻灯片中。

还可以单击"插入"选项卡"表格"组中的"表格"按钮，在出现的菜单中选择表格的行数与列数后插入表格。

4.插入多媒体文件

在幻灯片中添加声音的操作步骤如下：

①选中要插入声音的幻灯片。

②单击"插入"选项卡"媒体"组中"声音"按钮的向下箭头，从出现的下拉列表中选择一种插入声音的方式。

- 文件中的音频：在打开的对话框中指定要插入的声音文件。
- 剪贴画音频：插入来源于剪辑管理器中的声音，就像插入"剪贴画"一样。
- 录制音频：打开"录音"对话框，对要录制的声音进行命名，然后单击"录制"按钮。

③插入声音时，会出现提示对话框。如果需要自动播放，则选择"自动"；否则，选择"在单击时"。完成后，幻灯片中会出现一个声音图标。

在幻灯片中插入视频的操作步骤如下：

①选中需要插入视频的幻灯片。

②单击"插入"选项卡"媒体"组中"视频"按钮的向下箭头，从出现的下拉列表中选择一种插入视频的方法。

③插入视频后，在幻灯片上将显示第一帧的视频画面。

7.2 新建演示文稿

7.2.1 创建空白演示文稿

启动 PowerPoint 2010 后，软件将自动新建一个空白演示文稿。另外，在已打开的 PowerPoint 2010 中，单击"文件"按钮，在下拉菜单中选择"新建"，单击右侧的"空白演示文稿"按钮，再单击"创建"按钮即可得到空白演示文稿，如图 7.8 所示。

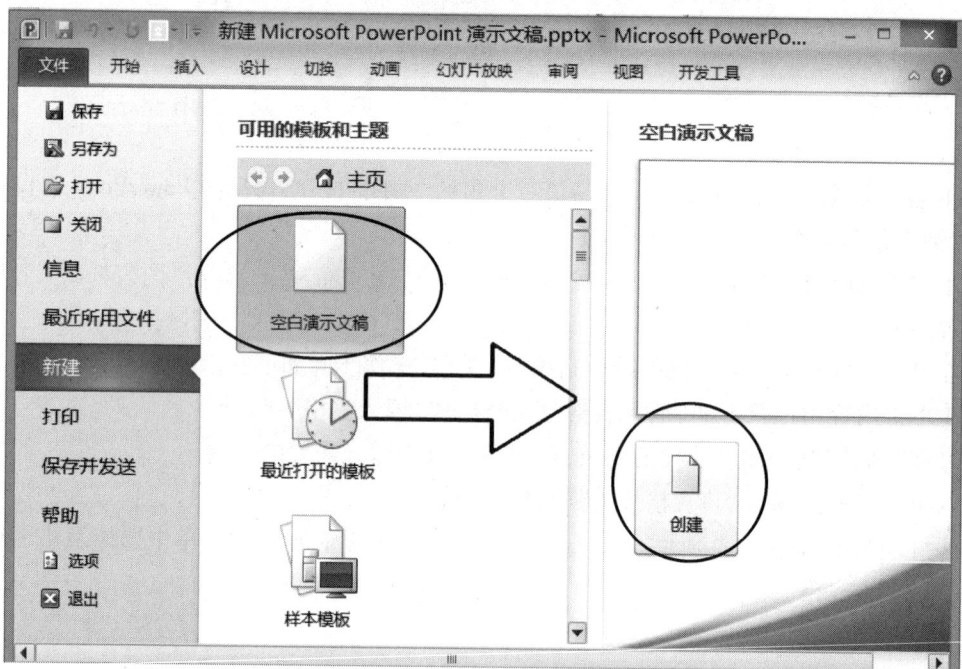

图 7.8　新建空白演示文稿

7.2.2 根据模板创建演示文稿

在已打开的 PowerPoint 2010 中，单击"文件"按钮，在下拉菜单中选择"新建"，在右侧选择适合的模板（见图 7.9），单击"创建"按钮即可创建所需的演示文稿。用户也可以根据自己的实际需要去网络上下载对应的模板。

证书、奖状	日历	内容幻灯片	幻灯片背景	图表
表单表格	贺卡	库存控制	邀请	信件及信函
计划、评估报告和管理方案	演示文稿	报表	日程安排	行政公文、启事与声明

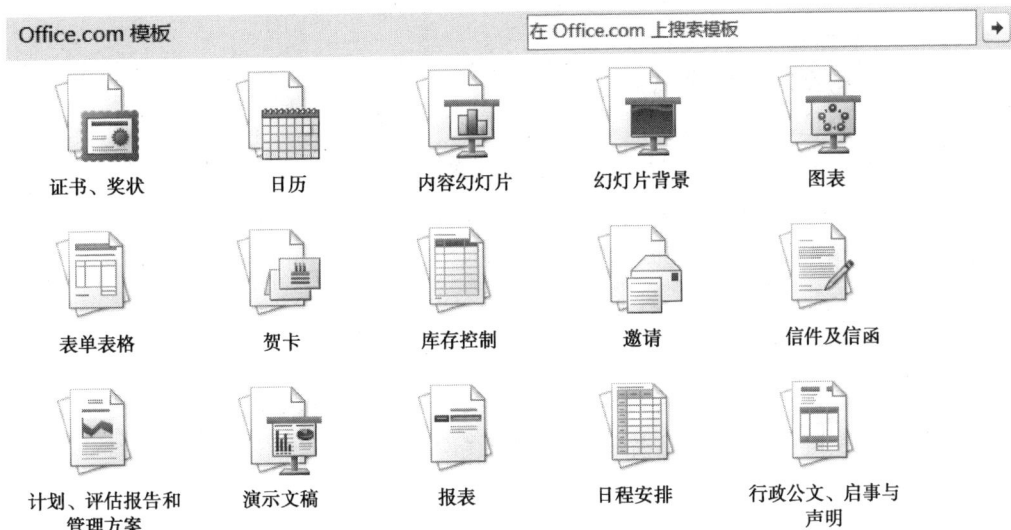

图 7.9　基于模板创建演示文稿

7.3　制作和管理演示文稿

7.3.1　添加幻灯片

添加空白幻灯片的方法如下：

- 单击"开始"选项卡"幻灯片"组中的"新建幻灯片"按钮。
- 在大纲/幻灯片浏览窗格中，右击选择"新建幻灯片"命令。
- 按快捷键"Ctrl+M"。

幻灯片的选定：

若要在普通视图中选定幻灯片，可以在大纲/幻灯片浏览窗格中单击幻灯片缩略图。

若要在幻灯片浏览视图中选定多张连续的幻灯片，应先单击第一张幻灯片缩略图，使该幻灯片的周围出现边框，然后按住"Shift"键并单击最后一张幻灯片的缩略图。

若要在幻灯片浏览视图中选定多张不连续的幻灯片，应先单击第一张幻灯片的缩略图，然后按住"Ctrl"键，再分别单击要选定的幻灯片缩略图。

7.3.2　管理幻灯片

幻灯片的管理操作包括幻灯片的插入、复制、移动、删除等。

1.插入幻灯片

打开要进行编辑的演示文稿，选择添加位置，如第一张幻灯片，单击"开始"选项卡"幻灯片"组中"新建幻灯片"的下拉按钮，在弹出的下拉列表中选择需要的幻灯片版式，则可在第一张幻灯片后面添加一张指定版式的新幻灯片。

2.复制幻灯片

复制幻灯片的操作步骤如下：

①在幻灯片浏览视图中,选中要复制的幻灯片。

②按住"Ctrl"键,然后按住鼠标左键拖动选定的幻灯片。

③在拖动过程中,出现一个竖线表示复制的幻灯片将要放置的新位置。

④ 释放鼠标左键,再松开"Ctrl"键,选定的幻灯片被复制到目的位置。

3.移动幻灯片

①在幻灯片浏览视图中,选中要移动的幻灯片。

②按住鼠标左键拖动,拖动时会出现一个竖线来表示选定幻灯片将要放置的新位置。

③释放鼠标左键,选定的幻灯片将出现在竖线所在的位置。

也可以用"剪切"和"粘贴"按钮来调整幻灯片的位置。

4.删除幻灯片

删除幻灯片的方法有以下几种：

• 选择需要删除的幻灯片,直接按"Delete"键,即可将该幻灯片删除。

• 使用鼠标右键单击要删除的幻灯片,在弹出的菜单中选择"删除幻灯片"命令,即可删除该幻灯片。

7.3.3　超链接

超链接是指向特定位置或文件的一种连接方式,可以利用它将下一步的显示跳转到指定的位置。任何对象都可以添加超链接,如文字、图片、形状等。

1.插入超链接

插入超链接的操作步骤如下：

①选中要为其添加超链接的对象,如选中文字"现代教育技术",为其添加超链接,如图7.10所示。

②单击"插入"选项卡"链接"组中的"超链接"按钮,打开"插入超链接"对话框。

图 7.10　对选中的文字插入超链接

③在对话框中设置链接的对象,如图7.11所示,然后单击"确定"按钮完成设置。

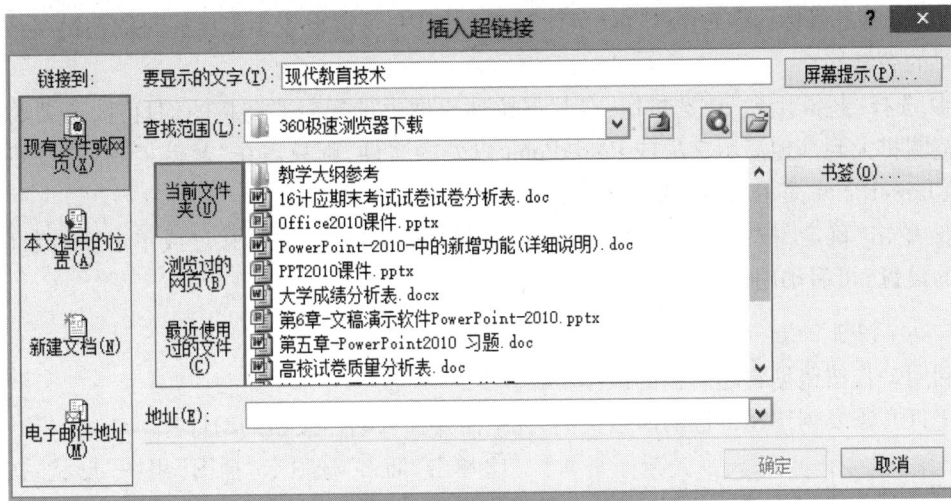

图 7.11 超链接的对象类型

超链接的对象共有四类：

- 现有文件或网页：本地计算机的文件或浏览的网页地址。
- 本文档中的位置：当前演示文稿中的幻灯片。
- 新建文档：链接到一个新文件。
- 电子邮件地址：链接到邮件客户端软件 OutLook Express。

2.动作设置

按动作设置的方法创建超链接，是指把进入超链接设置成某种动作，当鼠标单击或移过时，就执行设置的动作。操作步骤如下：

①在幻灯片中选中要设置动作的对象。

②单击"插入"选项卡"链接"组中的"动作"按钮，弹出"动作设置"对话框，如图7.12 所示。

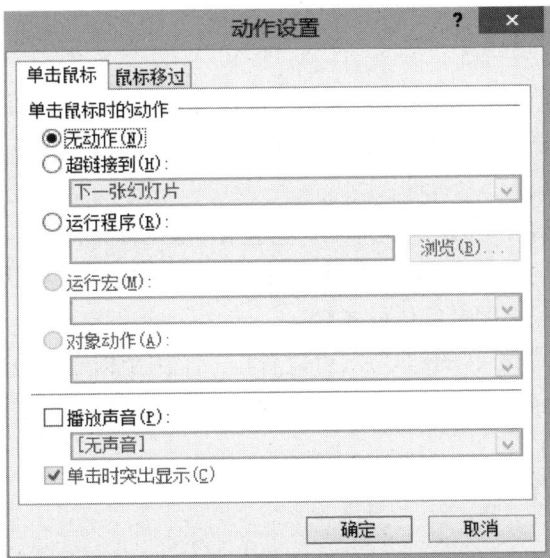

图 7.12 "动作设置"对话框

③在"单击鼠标"选项卡和"鼠标移过"选项卡中,可以设置单击鼠标时的超链接或鼠标移过时的超链接。

④ 选择"超链接到"单选按钮,在其下拉列表框中选择需要链接的幻灯片,若要将超链接的范围扩大到其他演示文稿或 PowerPoint 以外的文件,则只需在"超链接到"选项中选择"其他 PowerPoint 演示文稿"或"其他文件"选项即可。

⑤ 单击"确定"按钮,完成超链接的设置。幻灯片放映时鼠标移过或单击该对象(根据用户的设置)可启动超链接。

3.动作按钮

利用动作按钮创建超链接的操作步骤如下:

①打开需要创建超链接的演示文稿,选中需要插入动作按钮的幻灯片。

图 7.13　动作按钮的添加

②单击"插入"选项卡"插图"组中"形状"按钮下的动作按钮,将显示各种按钮的模板,如图 7.13 所示。

③在按钮模板中选择需要的按钮类型后,鼠标变成"+"形状,将鼠标移到需要插入按钮的位置,单击鼠标或按住鼠标拖动即可放置按钮,系统会弹出"动作设置"对话框。

④在"动作设置"对话框中进行所需的设置,然后单击"确定"按钮即可。

7.4　编辑演示文稿

PowerPoint 2010 可以通过功能区中的各个选项按钮对插入到幻灯片中的对象进行编辑,其内容包括对插入到幻灯片中的文本进行格式化设置;为段落增加项目符号或编号;为幻灯片添加页眉和页脚,以及针对幻灯片中的不同对象进行缩放、复制、移动和删除等。编辑修改的原则是"先选中,再操作"。

7.4.1　外观设置

幻灯片的外观设置直接决定了最终演示文稿的美观程度。外观的设置大致包含版式的选择和设置、主题的选择以及设置、背景的选择和设置以及母版的应用等。先介绍几个有关幻灯片外观设置的术语。

版式是指插入到幻灯片中的对象的布局。它包括对象的种类、对象与对象之间的相对位置。

模板是指一个演示文稿整体上的外观风格,是指预先定义好格式的演示文稿。模板中包含幻灯片的配色方案、标题及字体样式等。

母版实际上就是一张特殊的幻灯片,可以看作一个用于构建其他幻灯片的框架。

主题包括一组主题颜色、一组主题字体(包括标题文字和正文字体)和一组主题效果(包括线条和填充效果)。

下面具体介绍外观设置的方法。

1.修改版式

要更改已有演示文稿的版式,可以按照下列步骤进行操作:

①打开要更改版式的演示文稿。

②单击"开始"选项卡"幻灯片"组中的"版式"按钮,在弹出的下拉菜单中选择一种版式即可,如图 7.14 所示。

图 7.14 版式设置

2.应用主题与自定义主题

1)应用主题

①打开要应用主题的演示文稿。

②单击"设计"选项卡"主题"组中所需要的主题图标,如图 7.15 所示。

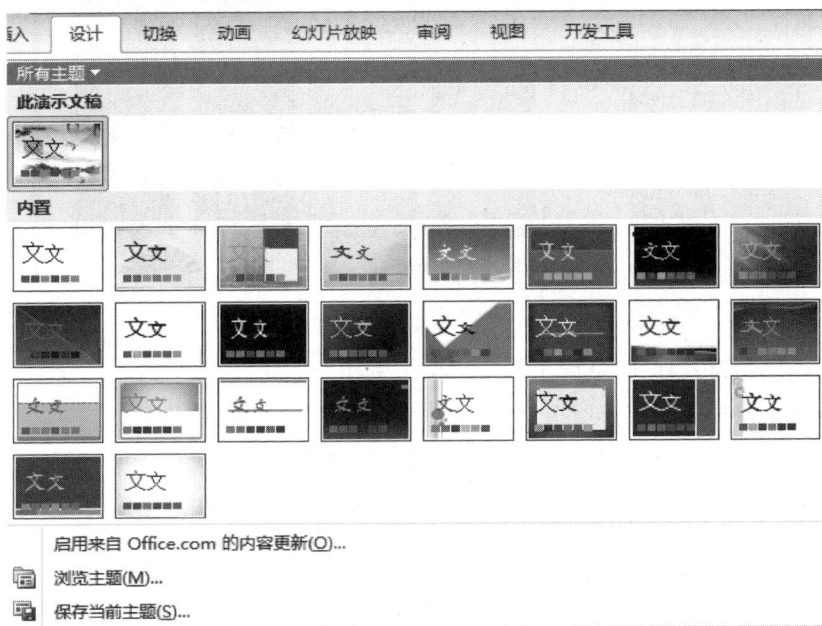

图 7.15 选择现有的主题

2）自定义主题

如果软件内置的主题不符合需求,还可以自定义主题。具体操作步骤如下:

①单击"设计"选项卡"主题"组中的"主题颜色"按钮,从下拉列表中选择"新建主题颜色"选项,出现"新建主题颜色"对话框。

②在"主题颜色"下,单击要更改的主题颜色元素对应的按钮,然后选择所需的颜色。

③在"名称"文本框中,为新的主题输入一个适当的名称,单击"保存"按钮。

④单击"设计"选项卡"主题"组中的"字体颜色"按钮,从下拉列表中选择"新建主题字体"选项,在出现的"新建主题字体"对话框中指定字体并命名后单击"保存"按钮。

⑤单击"设计"选项卡"主题"组中的"主题效果"按钮,从下拉列表中选择要使用的效果(用于指定线条与填充效果)。

⑥设置完毕后,单击"设计"选项卡"主题"组右下角的"其他"按钮,从下拉列表中选择"保存当前主题"选项。在出现的对话框中输入文件名并单击"保存"按钮。

3.设置幻灯片背景

1）向演示文稿中添加背景样式

具体操作步骤如下:

①选择要添加背景样式的幻灯片。

②单击"设计"选项卡"背景"组中"背景样式"按钮的向下箭头,弹出"背景样式"列表,如图 7.16 所示。

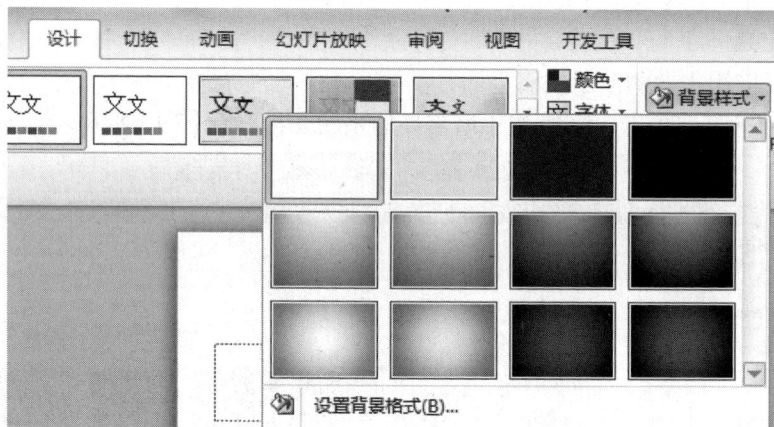

图 7.16　背景样式的设置

③右击所需的背景样式,从弹出的快捷菜单中执行下列操作之一:

●要将该背景样式应用于所选幻灯片,单击"应用于所选幻灯片"。

●要将该背景样式应用于演示文稿中的所有幻灯片,单击"应用于所有幻灯片"。

●要替换所选幻灯片和演示文稿中使用相同幻灯片母版的任何其他幻灯片的背景样式,单击"应用于相应幻灯片"。该选项仅在演示文稿中包含多个幻灯片母版时使用。

2）自定义演示文稿的背景样式

如果软件内置的背景样式不符合需求,可以自定义演示文稿的背景样式。具体操作步骤如下：

①单击要添加背景样式的幻灯片。

②单击"设计"选项卡"背景"组中"背景样式"按钮的向下箭头，弹出"背景样式"列表。

③选择"设置背景格式"选项，出现"设置背景格式"对话框。

④设置以填充方式或图片作为背景。如果选择"填充"，则可以指定"纯色填充""渐变填充"或"图片或纹理填充"等，并可以进一步设置相关的选项。设置完毕后，单击"关闭"按钮。

4.设置页眉和页脚

1）设置幻灯片的页眉和页脚

要设置幻灯片的页眉和页脚，可以按照下列步骤进行操作：

①单击"插入"选项卡"文本"组中的"页眉和页脚"按钮，在打开的"页眉和页脚"对话框中单击"幻灯片"选项卡，如图7.17所示。

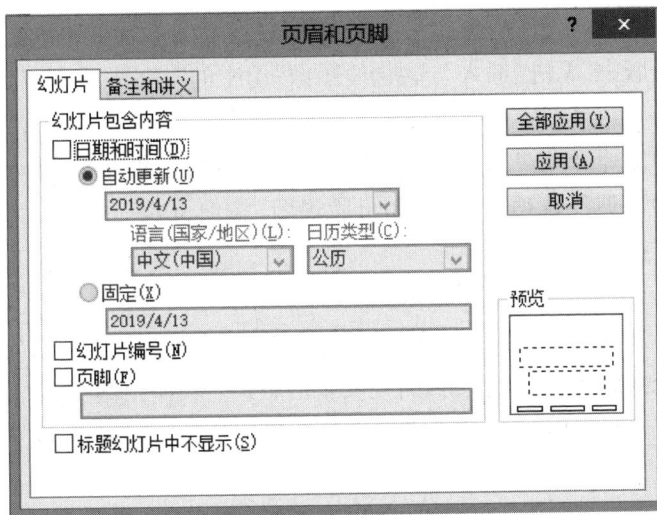

图7.17　页眉页脚的设置

②要添加日期和时间，则选中"日期和时间"复选框，然后选中"自动更新"或"固定"单选按钮。

- 若选中"自动更新"单选按钮，则在幻灯片中所包含的日期和时间信息将会按照演示的时间自动更新。

- 若选中"固定"单选按钮，并在下方的文本框中输入日期和时间，则将在幻灯片中直接插入该时间。

③要添加幻灯片编号，选中"幻灯片编号"复选框。

④要为幻灯片添加一些附注的文本，则选中"页脚"复选框，然后在下方的文本框中输入页脚内容。

⑤要让页眉和页脚的所有内容不显示在标题幻灯片上，选中"标题幻灯片中不显示"复选框。

⑥要将页眉和页脚的设置应用于演示文稿中所有的幻灯片上，可以单击"全部应用"按

钮;要将页眉和页脚的设置应用于当前的幻灯片中,可以单击"应用"按钮。

2)设置备注与讲义的页眉和页脚

要设置备注与讲义的页眉和页脚,则单击"插入"选项卡"文本"组中的"页眉和页脚"按钮,在打开的"页眉和页脚"对话框中单击"备注和讲义"选项卡。在该对话框中,可以对日期和时间、页眉、页码和页脚分别进行设置,其方法与幻灯片的页眉和页脚设置相同。

5.利用母版对演示文稿进行编辑

1)更改标题格式

幻灯片母版通常含有一个标题占位符,其余部分根据选择版式的不同,可以是文本占位符、图表占位符或者图片占位符。

在幻灯片母版的标题区中单击"单击此处编辑母版标题样式"字样,即可激活标题区,选定其中的提示文字,并且改变其格式。

2)向母版中插入对象

向母版中插入对象的操作步骤如下:

①在幻灯片母版中,单击"插入"选项卡"图像"组中的"图片"按钮,打开"插入图片"对话框。

②选择所需的图片,单击"插入"按钮,然后对图片的大小和位置进行调整。

③单击"幻灯片母版"选项卡的"关闭母版视图"按钮,切换到幻灯片浏览视图,发现每张幻灯片中均出现插入的图片。

3)添加版式

在 PowerPoint 2010 中,每个幻灯片母版都包含一个或多个标准或自定义的版式集。如果找不到适合的标准版式,可以添加或自定义新的版式。具体操作步骤如下:

①切换到幻灯片母版中,在包含幻灯片母版和版式的左侧窗格中,单击幻灯片母版下方要添加新版式的位置。

②单击"幻灯片母版"选项卡"编辑母版"组中的"插入版式"按钮。

③执行下面的一项或多项操作。

• 要删除不需要的默认占位符,则单击该占位符的边框,然后按"Delete"键。

• 要添加占位符,则单击"幻灯片母版"选项卡"母版版式"组中"插入占位符"旁的向下箭头,从下拉列表中选择一个占位符,然后拖动鼠标绘制占位符。

7.4.2 动画设置

动画效果就是给对象添加特殊视觉或声音效果。

幻灯片内容的动画效果大致分为四种类型:

• 进入效果:对象进入画面的效果。

• 退出效果:对象离开画面的效果。

• 强调效果:对象的缩小或放大、更改颜色等。

• 动作路径:对象上下移动、左右移动或者沿着星形等图案移动(与其他效果一起)。

1.添加动画效果

具体操作步骤如下：

①在普通视图中，单击要添加动画的对象。

②在"动画"选项卡"动画"组的"动画"列表中选择所需的动画效果，如图 7.18 所示。

图 7.18　动画效果的添加

③如果用户对动画列表中显示的动画效果不满意，可以单击"其他"按钮，从下拉列表中选择"更多进入效果"或"更多强调效果"等选项选择更多的动画效果。

④为对象设置动画效果后，右侧窗格中的"效果选项"处于可用状态。可以单击"效果选项"的下拉列表，打开相应的对话框进一步设置动画效果。例如，本例选择了"上浮"的动画效果，如图 7.19 所示。

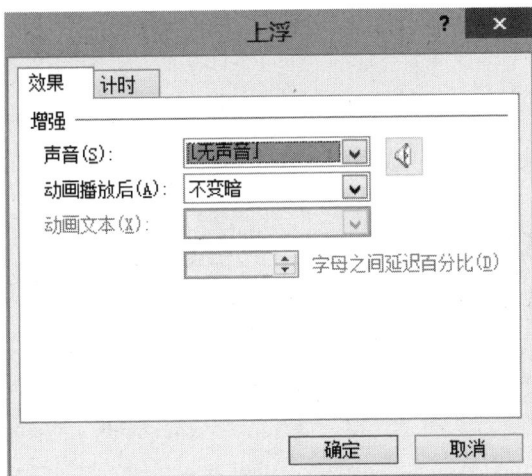

图 7.19　动画效果选项的设置

⑤用户也可以为单个对象添加多个动画。单击"动画"选项卡"高级动画"组中的"添加动画"按钮，在其列表中选择相应的选项。

⑥排序动画效果。当用户添加了多个动画效果之后，为了达到最佳的播放效果，还需要为动画效果设置播放顺序。

2.更改动画效果

为对象添加动画效果之后，单击对象前面的动画序列按钮，单击"动画"选项卡"动画组"中的"其他"按钮，在显示的列表中选择另外一种动画效果，即可更改当前的动画效果。

3.删除动画效果

单击对象前面的动画序列按钮，按"Delete"键或单击"动画"选项卡"动画"组中的"无"按钮，即可删除该动画效果。

7.5 演示文稿的放映

7.5.1 设置放映方式

1.设置放映时间

1)人工设置放映时间

操作步骤如下：

①切换到幻灯片浏览视图,选中要设置放映时间的幻灯片。

②选中"动画"选项卡"换片方式"组中的"在此之后自动设置动画效果"复选框,然后在右侧的文本框中输入希望幻灯片在屏幕上显示的秒数。

③如果单击"全部应用"按钮,则所有幻灯片的换片时间间隔相同;否则,设置的是选中幻灯片切换到下一张幻灯片的时间。

④采用同样的方法设置其他幻灯片的换片时间间隔即可。

2)使用排练计时

操作步骤如下：

①单击"幻灯片放映"选项卡"设置"组中的"排练计时"按钮,如图 7.20 所示,系统将切换到幻灯片放映视图。

图 7.20 排练计时

②在放映过程中,屏幕上会出现"预演"工具栏。要播放下一张幻灯片,则单击"下一项"按钮,即可在"幻灯片放映时间"框中开始记录新幻灯片的时间。

③排练放映结束后,会出现对话框显示幻灯片放映所需的时间,如果单击"是"按钮,则接受排练的时间;如果单击"否"按钮,则取消本次排练。

2.设置幻灯片放映方式

幻灯片的放映方式设置如图 7.21 所示。

• 演讲者放映(全屏幕):由演讲者自行控制全部放映过程,可以采用自动或人工的方式进行放映,还可以改变幻灯片的放映流程。

• 观众自行浏览(窗口):以这种方式放映演示文稿时,演示文稿会出现在小窗口内,并提供相应的操作命令,允许移动、编辑、复制和打印幻灯片。在此方式中,观众可以通过该窗口的滚动条从一张幻灯片移到另一张幻灯片,同时打开其他程序。

• 在展台浏览(全屏幕):这种方式可以自动放映演示文稿。自动放映的演示文稿是不

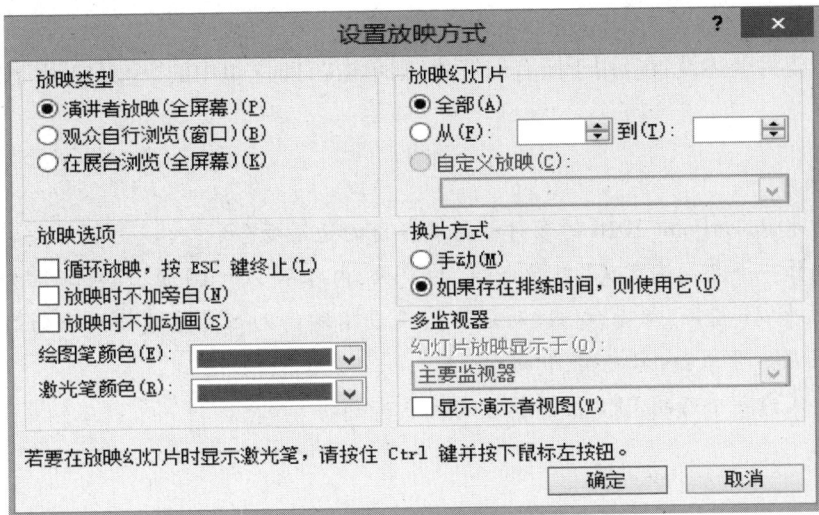

图 7.21　设置放映方式

需要专人控制就可以发布信息的绝佳方式,能够使大多数控制都失效,这样观众就不能改动演示文稿。

在"换片方式"下,选中"如果存在排练时间,则使用它"单选按钮,可以让幻灯片按预定的时间播放。

3.启动幻灯片放映

启动幻灯片放映的操作方法有以下两种:

- 单击"幻灯片放映"选项卡"开始放映幻灯片"组中的"从头开始"按钮。
- 按"F5"键。

4.控制幻灯片放映

在放映过程中,右击屏幕的任意位置,利用弹出的快捷菜单中的命令控制幻灯片的放映。

7.5.2　设置切换效果

为了让幻灯片的出场更加活泼,可以在幻灯片上添加切换的动画特效。操作步骤如下:

①在普通视图左侧的大纲/幻灯片浏览窗格中,单击某个幻灯片的缩略图。

②单击"切换"选项卡"切换到此幻灯片"组中的幻灯片切换效果图标。如果要查看更多的切换效果,可以单击列表右侧的"其他"按钮。

③选择切换效果后,可以单击"其他"按钮,在下拉菜单中选择"效果选项"选项,选择具体的切换样式。

④用户还可以设置幻灯片的切换声音和速度。

⑤设置换片方式。用户可以根据放映需求设置不同的换片方式。一般情况下,换片方式有"单击鼠标时"与"自动换片"两种。如果想使用自动换片方式,则应在"计时"选项组中,取消选中"单击鼠标时"复选框。选中"设置自动换片时间"复选框,并单击微调按钮,设

置换片时间。

如果希望将上述设置应用于所有幻灯片,则单击"计时"组中的"全部应用"按钮。

思考与练习

1.简述 PowerPoint 2010 的多种视图及各自的适用场合。

2.制作一个主题内容为"自我介绍"的 PPT,内容不少于 10 页,尽可能添加所有类型的媒体素材(图片、声音、视频、动画等),设置不同的幻灯片切换效果和幻灯片内容的动画效果。要求:内容充实,积极向上。

3.你认为一个好的 PPT 应该具备的特点有哪些?

第 8 章　网络化学习资源的设计与制作

随着计算机技术、计算机网络技术、多媒体技术的快速发展,以及 Internet 的广泛普及,基于网络的学习方式获得了迅猛的发展。如何有效利用网络平台,创建高效的网络课堂,是新时代的教师必须具备的能力。本章介绍了目前国内优秀的移动应用平台,帮助教师快速设计制作网络学习资源,打造自己的移动微课件、移动课堂。

8.1　速课网

速课网是国内首个将 H5(移动端 Web 页面)技术引入移动教学领域的移动教学应用工具平台,致力于帮助每一位教育工作者打造移动线上课堂并建设适合移动端学习的创新型资源,满足 SPOC(Small Private Online Course)教学,强化翻转课堂与混合式教学,轻松实现资源建设、课前预习、课堂测试、课后复习、点名签到等教学任务,并结合人工智能和大数据,实时记录学生的学习行为,为教学改革提供数据分析的基础。

8.1.1　速课网的特点

1.PPT 语音课件转化

PPT 作为装机量最大的多媒体工具,用户甚至希望所有的多媒体都能用 PPT 实现。但 PPT 基本只能在计算机、电子白板等设备上观看,而科技信息化使得众多学生当起了“低头族”,手机已成为他们生活里不可或缺的一部分,因此,将 PPT 转化成 H5 变得尤为重要。

速课网正好给用户提供了 PPT 转化 H5 的功能,在平台上只需一键导入 PPT,便可在短时间内转化成 H5 移动课件,教师通过分享链接或二维码,即可将相关内容传递给学生,解决教学烦恼。速课网 PPT 转化功能有操作便捷,高度还原 PPT 效果,可同步录制教师音视频、课件声音,支持录屏功能和多种视频格式录制等特点。课件内置留言评价,能轻松收集学生的学习反馈,在某种程度上提高了学生的学习兴趣和学习能力,促进教师的教学水平和能力的提升。

2.创作型课件

速课网拥有丰富精准的教学模板和素材资源,教师可通过平台上的资源更好更快地创建教学所需的强交互式移动教学课件,让课件更加切合教学场景。在创作移动课件的过程中,可轻松编辑文本,插入图片和音视频,让教师充分展示教学内容。其还支持插入测试、文档等教学组件,使教师的课件更具教学实用性,帮助教师提高教学效率及专业水平。

3.教学轻课件

教学轻课件是随时随地都可以在移动端制作的 H5 教学课件,只要教师打开手机便可立马制作。操作简单、方便、省时,采用流体式布局,无须考虑精致的布局和装饰,随手拍的图片(照片)、录的音视频,都可以把它们插入其中,形成一个轻便的教学轻课件。教学轻课件还支持实时录音,随时随地均可通过移动端完成课件编辑,帮助教师在任何时间点完成教与学的积累过程。

移动教学课件广泛应用在理论认知教学、课程预习复习、实践教学指导、教学项目申报、教学创新比赛、教学成果建设、立体教材出版等多个方面,大大提高了教师的教学质量及教学能力。

8.1.2 用户注册登录速课网

要进入速课网,用户需要登录,可以使用微信和 QQ 账号登录,如图 8.1 所示。

图 8.1 速课网登录界面

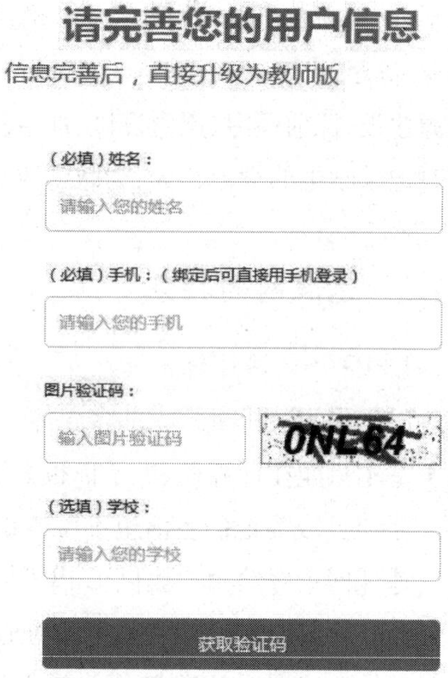

图 8.2 完善个人资料

如果是新用户,登录后需要完善用户资料,如图 8.2 所示,后期的账户维护都可以在个人中心的个人主页界面完成,如图 8.3 所示。

图 8.3　个人主页界面

8.1.3　创建新课件

速课网为用户提供了非常丰富的教学功能,如图 8.4 所示。

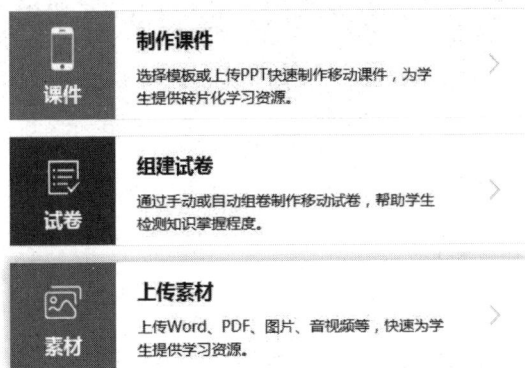

图 8.4　功能列表

单击"制作课件"后,可以看到速课网一共为用户提供了四种可以制作的课件类型,如图 8.5 所示。

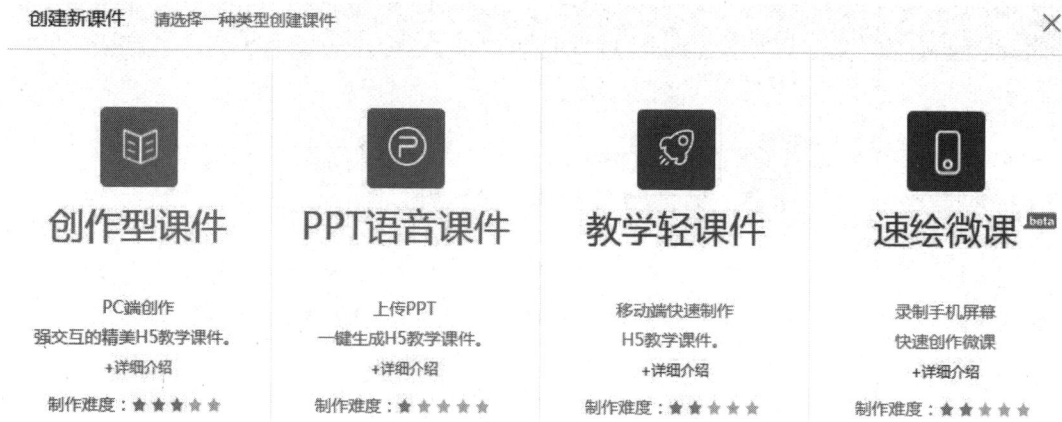

图 8.5　课件类型

1.创建创作型课件

单击"创作型课件"后将出现如图 8.6 所示的界面,用户可以选择创建空白页,根据自己的需要制作课件,课件中可以插入文本、图片、音频、视频等多媒体素材,如图 8.7 所示,具体创作过程可以参考幻灯片的制作。

图 8.6　创作型课件

2.创建 PPT 语音课件

用户可以直接上传已经做好的 PPT 课件,为课件录制或直接导入语音并编辑课件的基本信息,同时在课件制作完成并发布后,学习者能在电脑端或者手机端观看课件内容,并对课件制作人进行赞赏和评价,如图 8.8 至图 8.10 所示。

图 8.7　空白页面

① 上传PPT　→　② 完善课件信息　→　③ 设置分享信息　→　④ 发布分享

支持格式：pptx、ppt　　　大小限制：30M

选择上传

友情提醒：部分课件的实际转换效果，可能会与初始PPT有所差异。
查看《转化须知》

图 8.8　上传 PPT 课件

1. 扫码进行语音录制

如有现成音频，点此导入>>

如需添加试卷，点此进入>>

开启赞赏

提醒学习者赞赏 ?

2. 设置课件信息

点击更换封面

* 标题：

Raptor流程图

* 描述：

请输入课件描述

图 8.9　添加语音、设置课件信息

图 8.10　观看课件

　　除了以上两种课件以外,速课网还给用户提供了利用手机端快速制作的"教学轻课件"和录制手机屏幕的"速绘微课",本教材在此不再举例,感兴趣的学习者可以探索制作。

8.1.4　其他功能

　　用户在速课网上除了能制作课件外,还可以组建试卷、上传素材、开设班级、质量监控以及知识变现,如图 8.11 所示。

制作移动教学内容

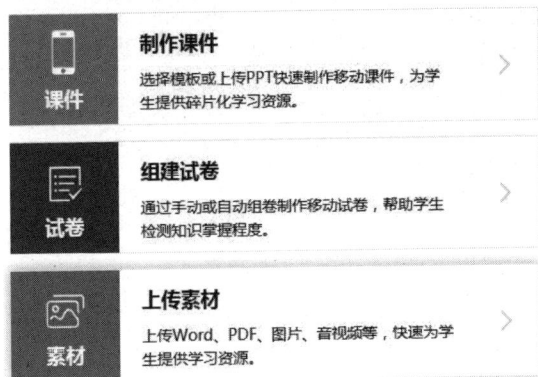

	制作课件	
课件	选择模板或上传PPT快速制作移动课件,为学生提供碎片化学习资源。	>
试卷	**组建试卷** 通过手动或自动组卷制作移动试卷,帮助学生检测知识掌握程度。	>
素材	**上传素材** 上传Word、PDF、图片、音视频等,快速为学生提供学习资源。	>

移动教学与质量追踪

	开设班级	
班级	创建班级后可以将课件、试卷随时推送给学生、全面支持混合式移动教学。	
数据	**质量监控** 为教师提供整体的教学数据与分析,为学生构建独有的学习能力模型	
变现	**知识变现** 知识红利浪潮中,速课为您提供轻便高效的变现利器!	

图 8.11　功能列表

8.2　雨课堂

8.2.1　雨课堂的功能

雨课堂由学堂在线与清华大学在线教育办公室共同研发,旨在成为连接师生的智能终端,将课前—课中—课后的每一个环节都赋予全新的体验,最大限度地释放教与学的能量,推动教学改革。

雨课堂将复杂的信息技术手段融入到 PowerPoint 和微信,在课外预习与课堂教学间建立沟通桥梁,让课堂互动永不下线。使用雨课堂,教师可以将带有 MOOC 视频、习题、语音的课前预习课件推送到学生手机,师生及时沟通;课堂上可以实现实时答题、弹幕互动,为传统课堂教学中的师生互动提供了新的解决方案。

8.2.2　安装雨课堂

1.教师端安装雨课堂

教师可以通过雨课堂的官网下载最新版本,如图 8.12 所示,安装的计算机要求操作系统版本在 Windows 7 以上,Office 版本在 2010 以上。

雨课堂安装成功以后,可以看到在电脑端的 PPT 导航栏上多了"雨课堂"选项卡,如图 8.13 所示。

2.学生端添加雨课堂

学生只需要通过微信关注雨课堂的公众号,并且扫描教师分享的邀请二维码加入班级就可以通过手机完成后续的教学任务,如图 8.14 和图 8.15 所示。

图 8.12　雨课堂的下载

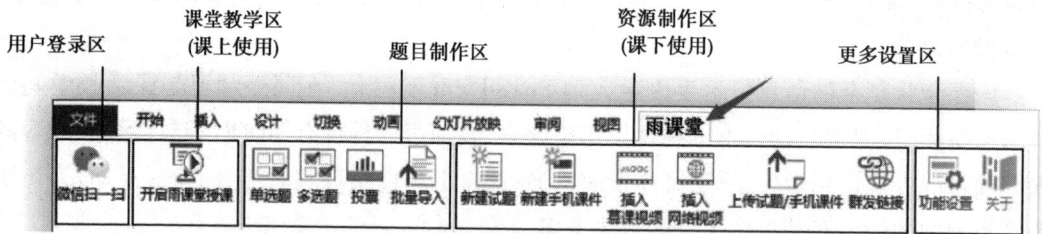

图 8.13　雨课堂安装成功

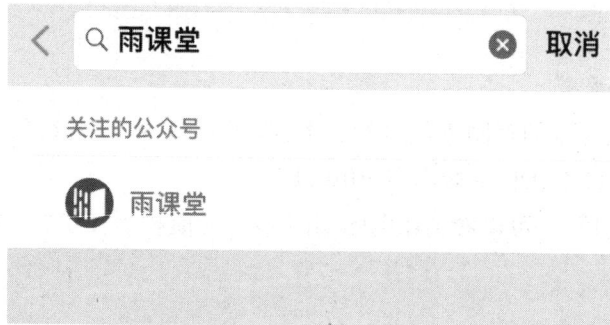

图 8.14　学生端添加雨课堂公众号

图 8.15　加入班级二维码

8.2.3　使用雨课堂

完成雨课堂的安装和添加后,教师利用微信登录雨课堂后就可以使用雨课堂的完整功能了。

1.使用雨课堂布置课前预习

利用雨课堂,教师在课前可以轻松制作"预习课件",并向学生手机端推送。该课件也可称为手机课件,建议教师制作时,使用竖版 PPT 方便学生查看。该课件可以添加习题、视频、语音,教师在发布时可设置截止时间,如图 8.16 和图 8.17 所示。

教师可以通过手机端查看学生预习课件以及回答预留问题的情况,如图 8.18 所示。

课件制作完成后，单击"上传试题/手机课件"，将课件同步到手机端

上传试题/手机课件

温馨提示
课件同步到手机后，保存在手机端"课件库"中，教师可以随时调取发送给学生。

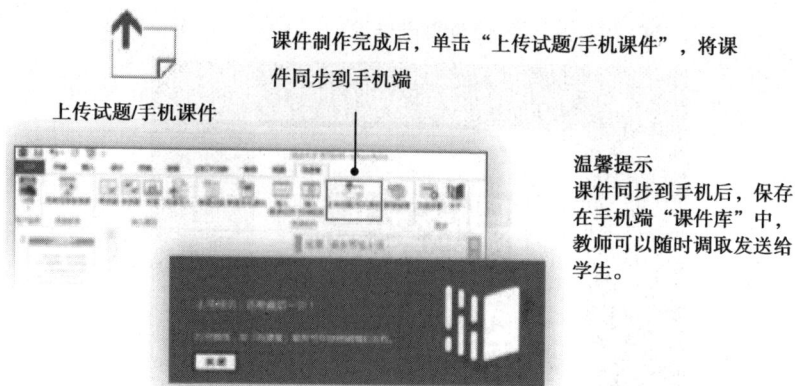

图8.16 上传课件到手机端

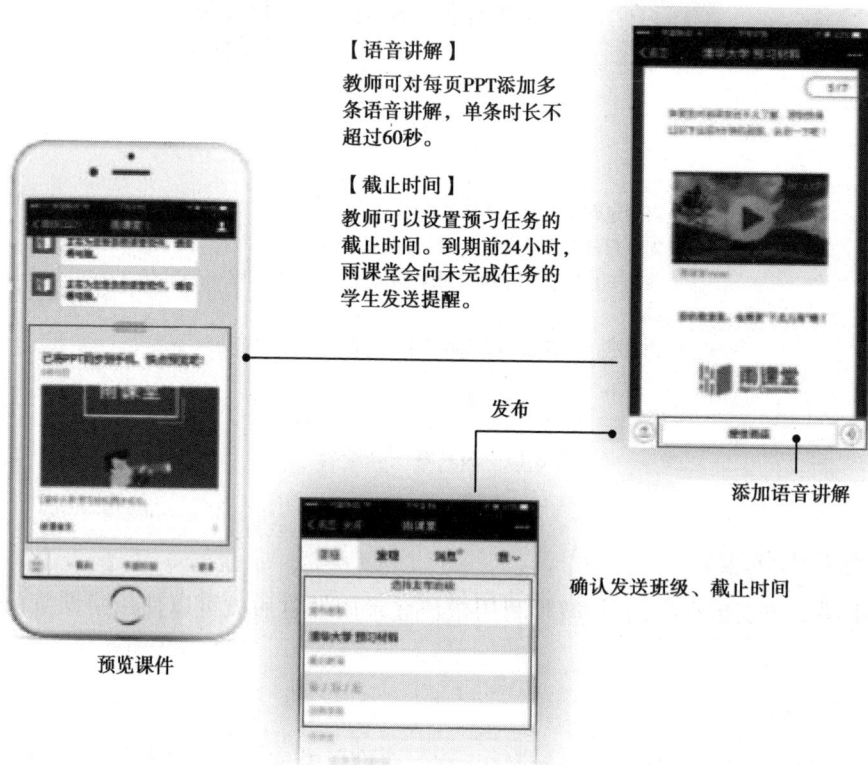

【语音讲解】
教师可对每页PPT添加多条语音讲解，单条时长不超过60秒。

【截止时间】
教师可以设置预习任务的截止时间。到期前24小时，雨课堂会向未完成任务的学生发送提醒。

发布

添加语音讲解

确认发送班级、截止时间

预览课件

图8.17 手机端预览课件

2.使用雨课堂开启课堂教学

课堂上，教师可以通过电脑端开启雨课堂授课，如图8.19所示，选择授课班级后，学生通过手机就能看到教学课件的内容，同时，教师可以在课件中插入投票题、选择题等，调动学生的学习积极性，并且在教师端查看回答的统计结果。

图 8.18　预习情况统计

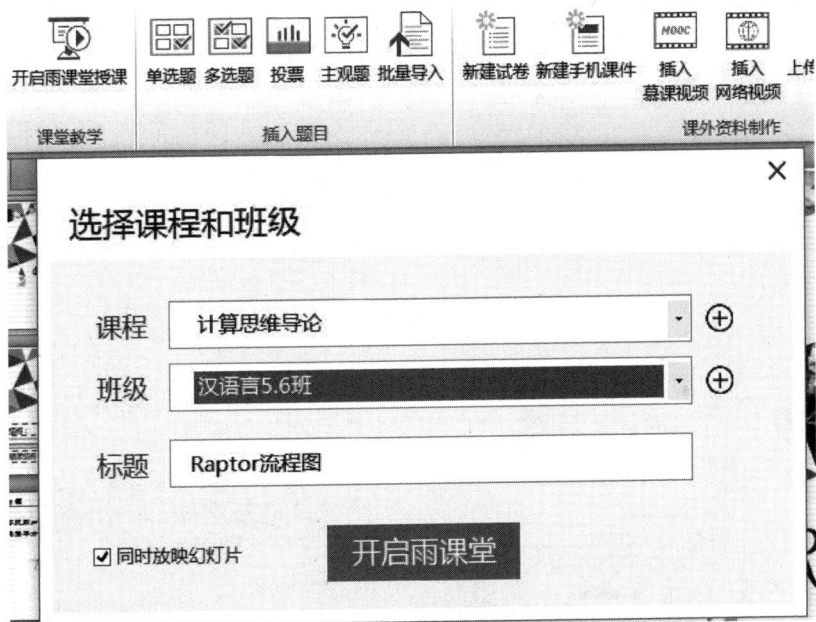

图 8.19　开启课堂教学

3.利用雨课堂制作试题

教师可以利用雨课堂在课堂上发布试卷,或是课下给学生推送作业。学生利用手机作答,后台自动算出学生的成绩。

单击"新建试题"按钮,PPT 会生成一份含有试卷标识信息的竖版 PPT,在此 PPT 中单击题型,即可添加题目模板,如图 8.20 所示。

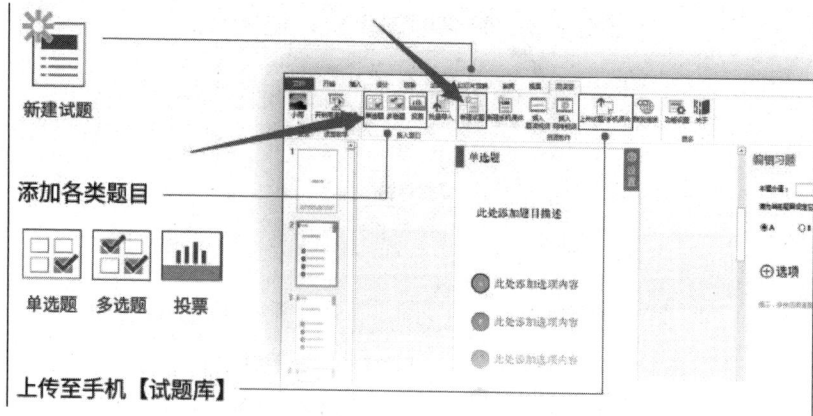

图 8.20　新建试题

　　同时,教师也可以利用雨课堂的批量导入功能将 Word 格式的习题集一键导入,并生成
练习题或试卷,如图 8.21 所示。

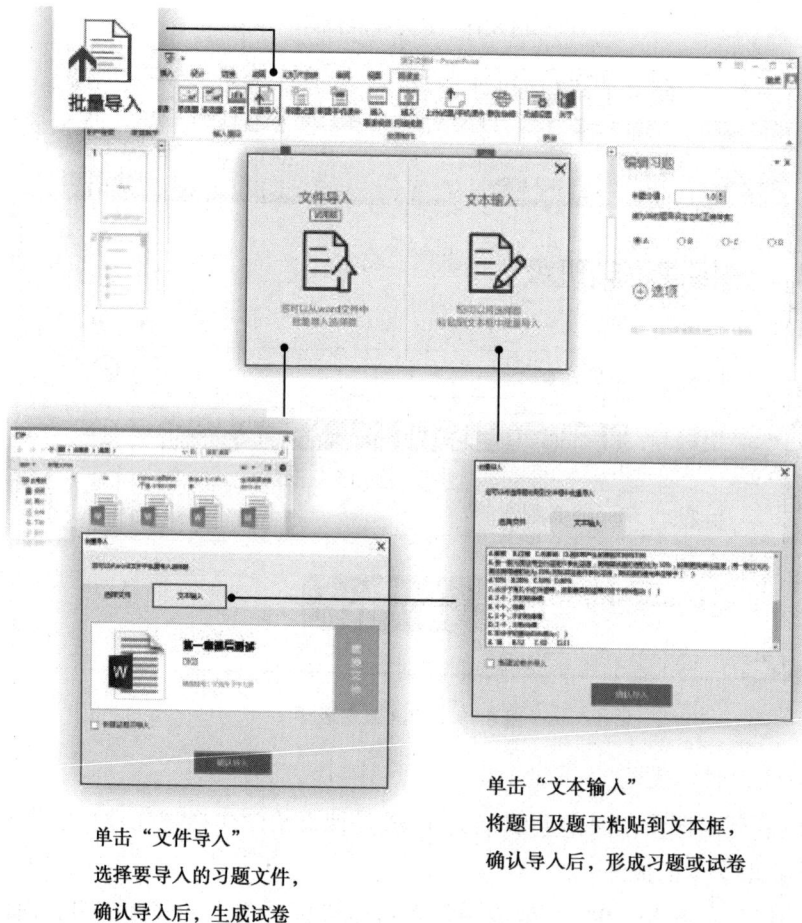

单击"文件导入"
选择要导入的习题文件,
确认导入后,生成试卷

单击"文本输入"
将题目及题干粘贴到文本框,
确认导入后,形成习题或试卷

图 8.21　导入试题

4.雨课堂的其他功能

使用雨课堂可以实现随机点名等功能,如图 8.22 所示。

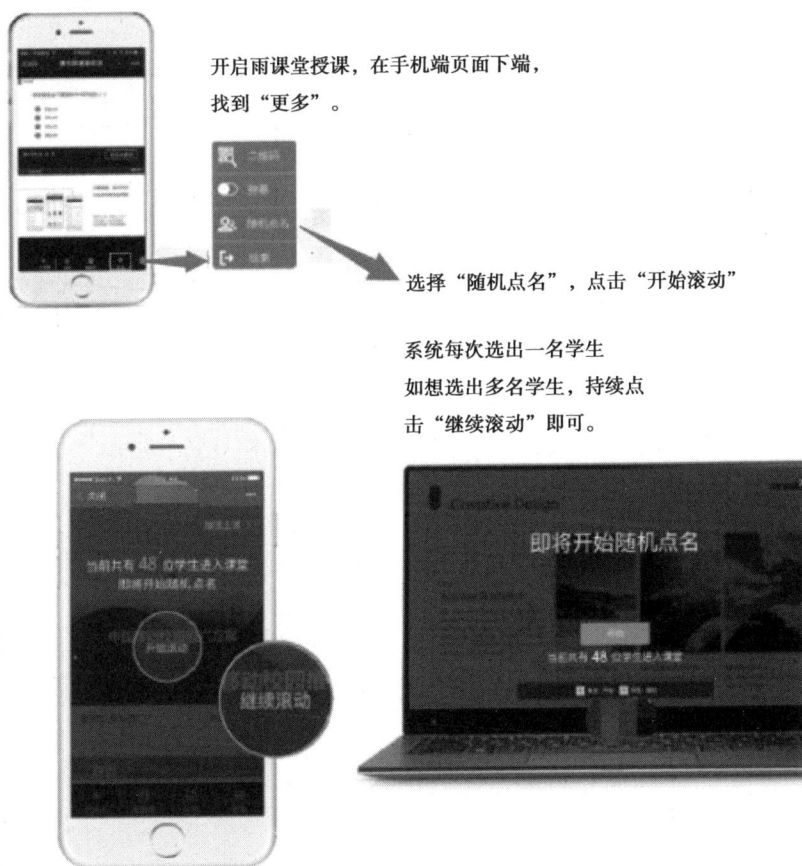

开启雨课堂授课,在手机端页面下端,
找到"更多"。

选择"随机点名",点击"开始滚动"

系统每次选出一名学生
如想选出多名学生,持续点
击"继续滚动"即可。

图 8.22　雨课堂辅助功能

无论是速课网还是雨课堂,它们的共同点都是充分利用了互联网和多媒体技术,把传统的教学由课堂内延伸到了课堂外,有效调动了学生的学习积极性,使学生通过各种移动终端能实现随时随地学习,从而更好地掌握知识,使教师可以随时与学生沟通,掌握学生的学习情况。

思考与练习

1.任选一门课程,利用速课网制作课件,要求内容丰富,不少于五个页面,包含动画、音频、视频等内容。

2.利用雨课堂制作试卷,试卷内容为本章所学的知识,题目数量不少于十个,题型在四种以上。